Yvonne Fitzner

Federleichte Nachtlektüre

Manchmal ist Leise laut genug

Bibliografische Information der Deutschen
Nationalbibliothek:
Die Deutsche Nationalbibliothek verzeichnet diese
Publikation in der Deutschen Nationalbibliografie;
detaillierte bibliografische Daten sind im Internet über
http://dnb.dnb.de abrufbar.

Lektorat: Yvonne Fitzner
Korrektorat: Yvonne Fitzner
Bildquelle Cover: pixabay

Herstellung und Verlag: BoD – Books on Demand,
Norderstedt

ISBN: 9783751913461

Vorwort

Ich möchte dir begegnen
jenseits aller Formen,
möchte dich sehen,
frei von meinen
vorgefertigten Bildern.
Will dich fühlen,
fernab von Zeit und Raum.
Ich möchte dich finden,
in meinem Herzen,
wahrhaftig und frei.

Ich lade Sie ein, meine lyrischen Texte als einen Impuls der
inneren Herzenswärme zu betrachten und sich durch mein
persönliches Erleben, das sich in genau jenen Gedichten
widerspiegelt, berühren zu lassen.
So durfte ich in meinem Leben Zeiten kennenlernen, die mir
immerzu das Lied vom Aufgeben zuraunten, während ich in den
buntesten Farben und bei lauter Musik das Spiel der Lebenslust
auf der Bühne meiner Fassade aufführte.
Es waren die Momente der erlebten Niederlage,
die mich vom Geschmack der Vernichtung kosten ließen.
Mit tauber Zunge und kaum noch fühlbaren Herzschlag
musste ich mich der Wahl stellen. Einer Wahl, vor der ich mich
mein Leben lang stets erfolgreich gedrückt habe.
Ich war ein Meister der Masken, eine Königin im Herstellen der
schillerndsten Kostüme, ein Überlebenskünstler sondergleichen.

Und nun half keine Magie, kein Trick und keine noch so ausgeklügelte Strategie mehr - der Moment der Entscheidung zeigte sich in aller Deutlichkeit:
Was willst du? Was in aller Welt willst du wirklich?
Ein Leben gepresst in der schalen Form aus Erwartungen, Hoffnungen und Anforderungen anderer?
Ein Leben im unteren Mittelmaß der Unauffälligkeit?
Oder ein Leben, das mir in meiner Essenz, meiner wahren Natur vollkommen entspricht?
Letzteres erfordert Mut. Es ist die größte und meines Erachtens nach einzig wirkliche Herausforderung im Leben, den Weg der Wahrhaftigkeit zu wählen und diesen mit allen Konsequenzen unbeirrbar zu folgen. Ich wählte mich…und gehe diesen Weg.
So manches Mal wollte ich wieder in die alte, bequeme Welt der Banalitäten eintauchen, es misslang kläglich…
wer einmal sich selbst gekostet und mit seiner Essenz getanzt hat, dem ist nichts anderes mehr möglich, als sich diesem einen lieblichen Sog der inneren Freiheit hinzugeben.
Und so frage ich Sie: Was wählen Sie?

Daher genießen Sie diese federleichte Lektüre, die sich in einer spielerischen, aber auch in die Tiefe gehenden Weise mit dem eigenen Kern, der ursprünglichen Essenz unseres Seins auseinandersetzt.
Es geht um die Liebe….die Liebe zu sich selbst, die auf einfache und erfrischende Art, die Liebe zu allem was ist, entfacht.
Lassen Sie sich umarmen von Worten, die aus dem Herzen, jenseits der Verstandesebene kommen. Lassen Sie sich verführen und spüren Sie, wie genau jene Worte ihr Herz auf wundersame Weise weiten.

Yvonne Fitzner

So ist jetzt, was ist.

Der Schmerz,
kläglich kauernd in der hintersten Ecke,
zeigt sich allmählich in seiner ganzen Pracht.
„Sieh hin!", schreit er so herzzerreißend,
dass wir nicht anders können.
Lasse zu, was sich zeigt.
Fühle was ist.
Sein ohne Wollen.
Heilung geschieht nur,
wenn wir aushalten und zulassen,
was schon die ganze Zeit in uns ist.

Zeit spielt keine Rolle mehr.

Entspanne dich.
Dehne dich aus.
Es ist völlig egal,
welchen Weg du wählst,
Ob du noch aus dem Schatten
das Licht beobachtest.
Es ist ganz gleich,
wie du dich zeigst.
Alles fügt sich im Moment –
außerhalb jeglicher Kontrolle.
Sei wie auch immer du sein willst.
Du hast alle Zeit der Welt - die Liebe bleibt.
Sie lässt frei - sie lässt dich sein,
wie auch immer du sein magst.

Was ich will,

so banal und doch manchmal schwer,
mehr als 10 Sekunden umarmen.
Die Welt tanzen,
vergessen was war,
begrüßen was ist.
Den Mond mit einem Blick umrunden.
Die Sonne lachend verbergen
und doch im nächsten Augenblick
nur ein einziges Mal befreit in die Augen zu schauen.
Was ich will,
ist mich unumwunden
durch den Schmerz
in die Leichtigkeit zu drehen.

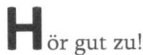ör gut zu!

Dein Herz flüstert unaufhörlich.
Es zeigt sich nicht im lauten Gehetze
und in den schrillen Masken der Euphorie.
Zart und sanft, wie der Flügelschlag eines
Schmetterlings offenbart es dir sein ganzes Wissen,
wenn du das Unaufgeregte und Leise erblickst,
was sich niemals im Offensichtlichen zeigt.

Begleitet hast du mich eine Ewigkeit.

Meine Gedanken waren dein Heimatreich.
Hier lebtest du bis zu jenem Tag,
an dem ich mich entschloss auszuziehen
und mich mit jedem Schritt aus der Erwartung
in Richtung Freiheit begab.
Die Gedanken in leiser Ferne,
mein Herz zur Ruhe kam.
Begleitet hast du mich eine Ewigkeit.

Leichtigkeit so inbrünstig gewünscht,

wie die Fülle auf jeder Ebene ersehnt.
Mit festem Schritt und geballter Faust
zieh`n wir in den unerbittlichen Kampf
nach lieblicher Freiheit und einem
lauschigen Leben gebettet
auf Rosen des Friedens.
Vor lauter verbissenen Bemühungen
merken wir nicht,
dass die erhoffte Leichtigkeit
leise in weite Ferne rückt.

Hingabe

mein Herz möchte sich öffnen
frei von Angst.
Ich möchte mich ohne Sorge mit
weit ausgebreiteten Armen
in die Deine fallen lassen.
Gefühle fließen,
gehalten und geborgen
in dein schützendes Gefäß.
Weder Gestern noch Morgen
sollen sich in meinen Gedanken spiegeln.
Nur das Jetzt ist, was zählt.

Tanz dein Leben,
nimm die tief in dir schlummernde
Leichtigkeit an die Hand
und verlasse die Schwere,
du hast sie lang genug gefühlt.
Es darf leicht sein,
du darfst dich im Wind
der Veränderung drehen und
dabei staunend feststellen,
wie Altes abfällt.
Ganz leicht und ohne Anstrengung.
Tanz dein Leben,
erhebe dich und erlaube dir,
die einfache Freude,
die tief in der wohnt zu spüren.

Frei sein,

einfach nur so
in die Weite schauen.
Aus lauter Übermut und
unbeschwerter Freude
Dinge tun, die früher nur waghalsig
in meinen Träumen erlebt wurden.
Genussvoll die Füße im Schlamm
der Vergangenheit baden
und erkennen, wie heilsam der Dreck war.
Frei sein.

Unerschrocken und mutig,
erhobenen Hauptes
drehe ich mich offen durch die Zeit.
Das Herz ist meine Rüstung,
niemals zum Kämpfen bereit.
Jedermann liebevoll zugewandt,
doch bei einem Einzigen stets weggerannt.
Ein Blick, ein einziger Blick,
der zeigt, was einst im Urgrund verborgen war.
Nicht das Starke, nicht das Strahlende ist das Gesuchte,
ersehnt ist die tiefste Verletzlichkeit ohne Schutz
im Moment des Augen-Blicks.

Ein letztes Mal

Ein letztes Mal fühle ich dich noch.
Ein letztes Mal trage ich deinen Schmerz,
der sich in Meinem eint.
Es ist an der Zeit auch die letzten
Stricke und Schnüre zu lösen.
Wie schwer es mir doch fällt,
den einzigen seidenen Faden,
der uns noch wage verbindet zu durchtrennen.
Wohl wissend, dass dich nun die Welle der Seelenqualen
mit voller Wucht überrollt,
deine Verzweiflung und
der flehende stumme Schrei
aus deinen Tiefen dich
mit sich reißt.
Ein letztes Mal fühle ich dich noch.
Ein letztes Mal trage ich deinen Schmerz,
der sich aus dem Meinen löst.
Ich lasse dich fallen,
in deine Pein, wohl wissend,
dass nun endlich in Heilung geht,
was über die Zeiten verkapselt war.
Du bist du
Ich bin ich.
Verantwortlich ist jeder für sich.

Zu meinen, man sei wahrhaftig erlöst,

befreit und angekommen,
ist nur ein Teil der Wahrheit
und ein subtiles Einflüstern
deines hämisch lachenden Egos.
Solange wir hier auf Erden weilen,
werden wir immer wieder mit Herausforderungen
und unseren Schattenanteilen,
bzw. unserem Ego konfrontiert werden.
Lediglich die Art und Weise,
wie wir damit umgehen ändert sich.
Wir werden gelassener, ruhiger.
Selbst im größten Schmerz ist unsere innere Stimme deutlich
wahrnehmbar und wir haben ein tiefes Wissen,
dass alles genau richtig und gut ist, wie es ist.
Sei dir gewiss, wenn du meinst,
dass du „ fertig" bist,
durch all deine Lernaufgaben durch bist,
so ist es nur dein eigenes Ego, was zu dir spricht,
um dich davon abzuhalten, dich wahrhaftig zu erkennen.

Und er lebt noch….

der innere, strenge Kritiker.
Manchmal still und leise
mit erhobenen, mahnenden Finger
wird die Lunte der Traurigkeit gezündet.
Ein anderes Mal wird laut und zürnend
mein lebendiger Funke der Freude
bis zur Unkenntlichkeit niedergedrückt.
Und ich muss erkennen,
dass es niemand im Außen war,
der dieses mit Wolllust tat.
Ich war es selbst, die in altbekannter Manier
die Lust am Leben
und die vorsichtigen Schritte
ins Neue verbot.

So weit mein Herz,

durch Schmerz geöffnet
bist du mitten im Sprung.
Geneigt bin ich die Tür zu schließen,
damit du bleibst in mir.
Doch täte ich dieses,
wäre nur dein Schatten hier.
Wenn Liebe siegt,
so weiß ich doch
dass sie dich lässt in deinem Sein.
Frei und ohne Wollen
darfst du springen aus mir.
So weit mein Herz,
so tief meine Liebe.

Völlig nackt sein

sich so zeigen, wie man ist,
schutzlos und ohne sichere Maske
durch die Landschaft der Gesellschaft laufen,
ist aufregend und unsicher zugleich.
Echt sein, zu sich stehen
und standhaft bleiben
im unerwünschten Sturm,
kann mitunter vernichtend wirken.
Scheint gerade das Nackte so zerbrechlich,
obwohl es genau das Starke ist.

In uns schreit das Ego so sehnsüchtig nach:

Liebe
Sichtbarkeit
Anerkennung
Wertschätzung
Bewunderung
Aufmerksamkeit
Annahme
Willkommen sein
Kontrolle
Gemeinschaft
Leichtigkeit

Und bekommt genau das, was es nicht möchte:
Ablehnung
Ignoranz
Selbsthass
Kleinheit
Einsamkeit
Verletzungen
Machtlosigkeit
Kontrollverlust
Schwere

Wir suchen und fordern im Außen nach all dem Schönen und vergessen dabei, dass es in uns selbst seit Anbeginn der Zeiten liegt.

Durch Irrungen und Wirrungen

Ein Auf und Ab mit voller Fahrt
Augen zu in der Achterbahn,
das ein oder andere Mal
die Tränen mit auf Reisen war`n.
Weder rechts noch links,
kein vor und zurück,
die Illusion verpufft,
das war mein Glück.
Erkannte ich im Steckenbleiben
deinen Halt und Dich,
im Du, im Ich.

Nur einen Wimpernschlag entfernt von dir.

dein Atem zum Spüren nah.
Die Rose sich dem Abend neigt,
einsam ihr Kleid zu Boden fiel.
Ein Steinwurf zwischen dir und mir.
Mein Duft dich immer noch umhüllt,
in so mancher Nacht
die Rose wieder Hoffnung schöpft.
Es ist die Sehnsucht, die ihr Nahrung schenkt.

Und immer wenn ich laut bin,

mag ich mich nicht,
frag ich mich doch,
wer da so schillernd grölt!
Ich? Welches Ich?
Das Ich, das andere in mir sehen?
Das Ich, das ich mir idealisiert
auf den Throne male?
Das Ich, das im Schatten wohnt?
Das Ich, welches keine Form bewohnt?
Oder was ist mit dem leeren Raum
zwischen dem formlosen Ich
und dem trainierten Ich?
Finde ich mich hier im Ich?
Fragen über Fragen,
die mich nicht zur Antwort tragen.
Drum lass ich's sein und verbleibe im Ich.

An einem einzigen Tag

die alten Erwartungen abstreifen,
in die fesselnde Neugier des Horizontes eintauchen,
ohne dabei das Weite zu suchen.

An einem einzigen Tag
die Ungeduld das Vertrauen küsst,
die Nähe die Distanz umschließt,
weil das Wunder mit der Enttäuschung tanzt.

Nur an einem einzigen Tag
möchte ich sein in dir,
die Einheit leben,
im Jetzt und Hier.

Nicht jeder kann es aushalten,
wenn es echt wird.
Nicht jeder kann es ertragen,
wenn da einer steht,
in seiner Wahrhaftigkeit und kein Blatt,
keine Maske,
kein Handtuch trägt,
um seine nackte Verletzlichkeit zu verdecken.
Berührt es doch jeden
in seiner eigenen nackten Zerbrechlichkeit.
So bleibe weiter bei dir,
bleibe weiter in diesem puren radikalen Echt-Sein...
denn das ist es, was zählt!
Die Zeiten des Versteckspiels,
des Unsichtbaren und der Unehrlichkeit sind vorbei.
Es wird bei jedem sichtbar,
was tief in ihm verborgen ist
und dafür bedarf es Menschen,
die in ihrer vollständigen Echtheit
lebbar angekommen sind.

Es wird Licht in uns.

Jeden Morgen ist die tiefe Bereitschaft da,
sich in den Dienst der Schöpfung zu stellen,
das anzunehmen,
was auch immer sich zeigt.
Es darf hell werden,
es darf leicht sein
und die dunkelsten Anteile
dürfen endlich ins Licht,
damit wir sie lieben können...
denn mehr wollen sie nicht.

Bei mir sein,

in meinen Gedanken
zu den Sternen reisen,
um im nächsten Moment
die Stille zu streicheln.
Zu mir kommen,
mich an meinen Energien laben,
vermag etwas sehr Befreiendes haben.
Auch wenn das anfänglich beherzte Wollen,
mir selbst zu begegnen,
mein Ego veranlasste,
mit den Augen zu rollen,
blieb ich beharrlich dabei
und ward frei.

Es fällt ab

ganz sachte und unaufhörlich.
Die letzten Sandkörner verlassen
das System aus alten Zeiten.
Es erstrahlt ganz leise
und doch stetig
die reine Nacktheit
meiner Essenz.
Frei und ungebunden
falle ich nieder auf meine Knie
und weine die Tränen der Erleichterung.

Wenn ich nicht bei mir bin

verliere ich mich ganz schleichend
und allmählich im hektischen Tun.
Es ist wie ein flüsternder Sog,
der mich im unbedachten Moment
in das altbekannte Spiel mitreißt.
Wie schnell ich wieder im Alten bin,
erkenne ich an der aufflackernden Unzufriedenheit,
meinem liebevollen Wecker im stillen Gewand.
In der Sekunde des Erkennens habe ich die Wahl...
verweilen im Alten oder ganz bewusst zurück zu mir.

Immer wieder klopft das abgelegte Muster
an meine Türe.
Erst leise und dann lauter drängt
es sich grinsend in den Fokus meiner Aufmerksamkeit.
Dieses vertraute, längst ausgediente Schema
lockt mich mit seinem süßen Duft vergangener Tage.
Auch wenn ich genau weiß,
wie sehr es mir geschadet hat,
bin ich geneigt erneut in den Kreislauf
des perfiden alten Spiels einzusteigen.
Allein die Erkenntnis,
bewusst und klar zu sehen,
was im Moment passiert,
gibt mir die Möglichkeit, zu entscheiden.
Es kostet nicht viel Kraft,
es ist keinerlei Ringen in mir,
wie anfänglich trügerisch geglaubt.
Eine einzige Entscheidung reicht,
mich bewusst von dem alten Muster abzuwenden.

Dualität

Sie beinhaltet die komplette Gefühls-
und Erlebnispalette unseres menschlichen Seins.
Ein Auf und Ab, Hoch und Runter.
In den Extremen so weit auseinander
und doch ebenso eng verbunden,
dass es uns schier zerreißt.
Freud und Leid geben sich die Hand.
Liebe und Hass
sitzen so manches Mal eng umschlungen zusammen,
nur um den Moment zu erhaschen,
wenn das Licht den Schatten küsst.
Und genau darum geht es:

Die Liebe, die den Hass umarmt.
Der Tag, der die Nacht umgarnt
Die Hoffnung, die Enttäuschung grüßt
Die Freude, das Leid versüßt.
Das ist der Moment,
wenn das Licht den Schatten küsst.

So viel Worte,

sie erklären hier und erklären da,
manches Mal ein ganzes Leben.
Sie kleiden die Welt in die buntesten Farben,
in die süßesten Phantasien
und bringen mein Innerstes
auf eine spielerische Weise nach außen.
Wenn ich dich jedoch wirklich erreichen möchte,
sind die vielen Worte auf dem Papier entbehrlich.
Die einfachste und ehrlichste Kommunikation
Findet nonverbal im Leben
meiner eigenen Philosophie statt.

Wieder sitze ich hier

und warte.
Ja auf was warte ich eigentlich?
Auf Dich?
Das Leben?
Das Abenteuer?
Auf irgendwas, das die Leere füllt?
Meist ist es genau der Moment
der herbeigesehnten Stille,
die Sekunde der fast gefühlten Einheit,
die mich wieder in mein wohlbekanntes
Wartezimmer platziert.
Und wieder sitze ich hier,
bin geneigt zu warten,
wenn es nicht so verdammt langweilig wär`.

Eigentlich ist es gleich,

was ich schreibe.
Jedes Wort, jeder Klang,
alles was aus meinen Fingern rinnt
und dein System erklimmt,
bekommt deine Färbung,
deine Interpretation.
Du bestimmst,
wie du meine Worte
aufnehmen möchtest.

Wie echt bist du?

Zeigst du dich wirklich
in deinem schutzlosen Kleid
oder versteckst du dich noch gerne
hinter Lettern und Zeilen anderer Menschen?
Ist das, was du mir erzählst
wahrhaftig gelebt,
oder bleibt es nur
ein lebloses Lippenbekenntnis?
Ich möchte so gerne dich sehen
und nicht den Schatten deines Vordermannes.

Es ist ermüdend,

wenn ich nicht ich bin.
Das Aufrechterhalten
einer gekünstelten Maskerade,
die nur dem Zweck dient,
systemkonform zu sein,
raubt mir jegliche Energie.
Dieses zu erkennen und wieder zu lösen,
schenkt mir die Möglichkeit,
aus der Ohnmacht
in die Eigenmacht zu gehen.

Ja, ich bin anders.

Anders als du.
Ist das nicht wundervoll?
Oder stört es dich gar sehr?
Dabei eint uns doch genau das:
Andersartigkeit.
Und wenn wir uns auf unser Sein
wirklich einlassen, das Anders-Sein
im Gegenüber neugierig begrüßen,
so erkennen wir doch das Licht in uns,
ein Funkeln im Herzen
aus ein und derselben Quelle.

Es ist so unglaublich befreiend,

endlich im Hier und Jetzt sein zu dürfen.
Die neu gewonnene freie Zeit
nicht mit erneuten Dingen zu stopfen,
nur um letztendlich
meine Daseinsberechtigung zu beweisen.
Ich darf entspannen.
Mir darf es gutgehen.
Ich darf einfach mal NICHTS TUN.
Ich darf sein, wie ich bin.
Ich darf sein, wie ich will.
Einfach nur pures und nacktes Sein.
So bleibe ich im vermeintlichen Nichts,
laufe nicht mehr weg,
spüre den Atem der Erleichterung meiner Seele.
Niemals hätte ich geglaubt,
dass ich im Nichts, in der völligen Leere
die Erfüllung - mich finde.

Manchmal schaue ich dich einfach nur an,
gedankenverloren außerhalb der Zeit.
Habe ich mich verändert, oder du dich?
Ich weiß es nicht, vielleicht ich mich durch dich,
oder du dich durch mich,
oder jeder sich in sich.
Ich sehe dich und werde von dir gesehen.
Wir linsen mutig vorbei an der Oberflächlichkeit
unserer Schale mitten in den Kern,
der sich endlich frei zeigen darf.
Kein Schauspiel ist mehr nötig,
auch wenn du mich so manches mal
mit deinem rauen Panzer
barsch in meine Grenzen weist,
weil mein verletztes Ich
wütend um sich beißt.
Es ist ein Erkennen auf tiefer Ebene,
ein wahrhaftiges Sehen im Sein,
das jeden belässt, wie auch immer er ist.
Gelebte Liebe im Hier und Jetzt.

Wenn Zeit und Raum keinerlei Rolle mehr spielen;

Herzen, die Augenscheinlich
weit entfernt voneinander leiden
sich nur gewahr sein müssen,
wie nah sie einander sind.
Wenn offensichtliche Differenzen und Unterschiede
im Kern doch die Einheit bilden.
Wenn du und ich
eigentlich schon immer zusammen waren
und wir nur im Stillen fühlen,
dass es lediglich der Vorhang
der kreierten Gedanken ist,
der noch zwischen uns steht.
Ja dann….
Dann ist es nicht anders als Jetzt,
nur sichtbar.

Ich habe kein Interesse mehr,

in den Widerstand zu gehen.
Widerstand bedeutet für mich nur unnötig
hausgemachtes Leid.
Es ist ein Wirrwarr von vielen
Konstrukten und aufgedrückten
Konditionierungen anderer,
die mein Ego prägten.
Seitdem ich meine Essenz
aus dem Dickicht der Verstrickungen
befreit habe und endlich sehend bin,
verliert sich jegliches Bestreben zu leiden.
Frei von Widerstand zu sein,
ist die Freiheit von Leid.

So weit auseinander und doch
irgendwie zusammen.
Gibt es sie? Die Entfernung?
Völlig verschieden die Richtung
und doch eint uns der Blick.
Schlägt das Herz im gleichen Takt
oder ist es nur wieder
der Rhythmus aus faden alten Zeiten?
Unüberbrückbar zeichnet sie sich ab,
die unantastbare Grenze.
Solange sie ihren heiligen Zweck erfüllt,
solange wird sie in uns leben.

Die letzten Meter beschreite ich allein.

Es ist der Weg, den ich mir zu meistern erschuf -
Meisterschaft.
Ein Pfad, der sich gerade zum Ende hin
in meiner eigenen Stille vollzieht.
In dieser unberührbaren Ruhe erkenne ich,
welcher Schritt als nächstes zu setzen ist.
Es gleicht einer heiligen Meditation,
die an sich schon mein persönliches Ziel offenbart:
Ich selbst:
gehalten, geborgen und getragen durch mich.

Ich weiß nicht,
wie dein Weg sich gestaltet,
Habe keinen Einblick,
wie es in dir aussieht
und wohin dein Herz dich zieht.
Was ich dir jedoch zeigen kann,
ist die Art und Weise,
wie ich meinen Weg beschreite –
mit all den Höhen und Tiefen,
ist mein pures, unverfälschtes Sein.
Ich bin nicht anders als du,
habe genauso viele Ecken und Kanten.
Ich falle hin, stehe wieder auf.
Auch wenn es im Außen
oft schillernd aussehen mag,
so gibt es auch bei mir Momente,
die dunkel und vernichtend sind.
Vielleicht mag der einzige Unterschied darin liegen,
dass ich mich mit meinen Fehlern,
ungehobelten Kanten,
mit meinen unschönen Seiten durchweg liebe.
Die vollständige Annahme
bringt den Frieden mit sich.
Einen anderen Unterschied
kann ich beim besten Willen zwischen
mir und dir nicht erkennen.

So manches Mal stehen sie da.

Der Eine hier, der Andere dort.
Sie benutzen dieselben Wörter,
die gleichen Bilder
und doch verstehen sie einander nicht.
Jeder für sich auf seiner Insel.
Die Mauern, einst als Schutz erbaut,
so hoch, dass es schier unmöglich ist,
einander zu erreichen.
Verzweifelt versucht der Eine,
wie auch der Andere,
in Wort und Bild zu überzeugen.
Es schreit so laut die Verzweiflung,
„Sieh mich doch! Höre mich! Hier bin ich!"
Allein und unverstanden bleiben sie auf ihrer Insel.
Nicht gesehen, nicht gehört.
Die Mauern um sie herum,
mögen sie doch endlich fallen.

Jederzeit bist und warst du mir zugewandt.

Meine Gedanken zu dir viel zu oft abgewandt.
Schaute ich doch stets in die verlockende Ferne,
die Illusion lachte mir zu mit ihrer verlockenden Wärme.
Dabei war das Gewünschte immer hier.
Lange fehlte der Blick dafür.
Suchte ich doch lieber im Unerreichbaren,
um nicht zu leben, die Liebe zu wahren.
Ich war es selbst, die unerreichbar war.
Der Blick für dich war noch nie so klar.

An Tagen wie diesen
stechen meine Ecken und Kanten
so deutlich hervor,
dass ein Lehrmeister im güldenen Kleid
sich in seiner leuchtenden Fassade gestört fühlt.
Es sind dann meine Schatten,
die diesen an seine erinnern,
die so tief vergraben
in seiner Dunkelheit schlummern
und durch mein Sein
den Schein durchbrechen.
Und genau in diesem Moment erkenne ich,
dass ich einst selber genau wie Jener war.
Mit erhobenem Zeigefinger
habe ich in vergangenen Zeiten
ebenso belehrend auf andere eingewirkt
und fühlte mich bedroht im heiligen Schein –
wenn da einer kam,
sich frech in seiner friedvollen Ganzheit zeigte
und mit seinem Schatten
liebend im Arm das Licht begrüßte.
Ich ertrug es nicht,
so wie der Lehrmeister im güldenen Kleid.
Daher verzeih´ mir und auch dir,
wenn ich so manches Mal
mit meinen Kanten an die Deinen anecke.

Ich bleibe.

Zum ersten Mal bleibe ich stehen,
lasse zu was geschieht und
halte deinem Blick stand.
Es ist wie eine übergroße Welle,
die sich drohend aufbäumt und
in all ihrer Schwärze näher kommt.
Die Unruhe und aufkommende Panik
schreit mit einer herzzerreißenden Vehemenz
in mein Ohr,
während mir deutlich zitternd
der Fluchtweg aufgezeigt wird.
Und doch bleibe ich,
halte deinem Blick stand.
Es ist der Moment,
wo mich die Dunkelheit verschlingt,
die Welle in jede Faser
meines Seins dringt.
Ein Gefühl von Sterben,
das aber gleichzeitig
die Wiedergeburt einleitet.
Ich bleibe und du, ...
du nun endlich auch.

Schau hin, die harte Kruste bricht.

Die Emotionen werden laut.
Viel zu lange wohnten sie im still brodelnden Untergrund.
Sie brüllen so schrill, dass die eiserne Fassade
vor Wut schäumend bricht.
Schreiend, tobend und mit unbändigem Zorn bahnt sich die
Knechtschaft ihren Weg in die erlösende Freiheit.
„Weg,... nur weg", ist ihr flehendes Ziel.
Die Panik sucht verzweifelt hier und da.
„Wer nimmt bloß mein hässliches Gefolge?",
keift sie zürnend in den hohlen Raum.
Es ist niemand da.
Die einst bekannten und dankbaren
Projektionsflächen verließen das Spiel.
Der Eine sich schon selbst erkannt,
die Anderen im gleichen Dilemma verrannt.
So kommt ganz unweigerlich,
ein jeder um sich selber kümmern muss.

Schweigen.

Diese Ruhe zwischen dem
Ein- und Ausatmen
des pulsierenden Seins.
Hier vermag ich in reiner
Verbundenheit meines Atems
meine verdrängte Verletzlichkeit
zum Leben zu erwecken.
Dieses zerbrechlich Schmerzhafte,
das so tief und still in mir schlummert,
offenbart sich mir in deinem Schweigen.
Selbst das lauteste Gebrüll
der glitzernden Lettern
bricht diese Stille nicht.
So tue ich es dir gleich
und übe mich im Schweigen.

Es ist und bleibt eine Gratwanderung
zwischen Erkenntnis und völliger Unkenntnis.
Je bewusster ich werde, desto klarer sehe ich,
dass ich noch mitten im Nebel bin,
desto mehr erkenne ich,
dass ich noch ganz und gar am Anfang stehe.
Es schenkt mir eine tiefe Demut
und lehrt mich eine natürliche,
liebevolle Bescheidenheit.

Siehst du mich,

so siehst du dich.
Ist es doch dein Filter im System,
der dir deine Bilder zaubert.
Hörst du mich,
so hörst du doch nur dich.
Es ist deine Interpretation,
die meine Worte zu Deinen machen.
Spürst du mich,
so spürst du dich.
Deine Resonanz ist das aufnehmende Gefäß,
das mich in dir erst spürbar macht.

Ich brauche dich nicht mehr.

Was sich einst in mir
so ausgehungert nach dir sehnte,
ist nun auf sonderbare Weise
mir selbst eigen geworden.
Das Bedürfnis nach deiner Nähe,
nach deiner Liebe und Aufmerksamkeit
wich ganz sachte
meinem mir innewohnenden Kern,
der mich mit all jenem nährt,
das niemals in dir zu finden ist.
Nein, Ich brauche dich nicht mehr,
aber vielleicht gibt es
irgendwann einen Zeitpunkt,
wo wir all die in uns geborgenen Schätze
miteinander teilen können.

Lang war der Weg,
hier und da stolperte ich, fiel hin.
Schmeckte den Staub des zähen und herausfordernden Bodens
auf meinen ausgetrockneten Lippen.
Nichts, aber auch nichts hielt mich jemals davon ab,
mich von meinem Ziel abzubringen.
Die Beharrlichkeit, das Vertrauen
und diese eine Liebe
waren meine treuesten und hilfreichsten Begleiter.
Nun stehe ich hier....ganz oben.
Blicke in die Weiten der sich auftuenden Felder
meines neugeborenen Seins.
Allein nur mein gelöster Atem
ist im Echo der Ferne zu hören.
Und du? Du bist nicht mitgekommen.
Du hast es dir in deiner sicheren Erstarrung
gemütlich gemacht,
die dich jeden Morgen ein wenig fester umklammert
und dir die Luft zum Atmen nimmt.
Einst glaubte ich, wir seien aus dem gleichen Holz,
ich sei du und du ich....
doch muss ich erkennen,
wie groß der Unterschied am Ende ist.
Deine Wahl ist stets die sichere Komfortzone
der Unbeweglichkeit.
Meine war unentwegt genau das Gegenteil.
Und ich stehe immer noch hier oben,
blicke in die endlose Weite eines neuen Lebens
und zum ersten Mal befreit und glücklich - ohne Dich.

Wie tief bist du bereit zu gehen?

Wie sehr bist du geneigt,
in die Unergründlichkeit
deiner Emotionen einzutauchen?
Wirkliche Hingabe, wahrhaftiges Ergießen
ans Leben setzt deine vollkommene Bereitschaft voraus,
dich mit Haut und Haaren
deines puren Seins
in die eigenen Tiefen
fernab deiner Kontrolle einzulassen.
So frage ich dich,
wie groß ist dein echtes Verlangen,
dich in dir selbst zu erfahren?

Zärtlich streicht der laue Wind

der Gegenwart dir sachte über dein Gesicht.
Versunken im Jetzt das Licht sich bricht.
Zeitloses Tun im geliebten Sein,
vermag sich so manches Mal im Dunkeln verein`.
Wenn der Mond und das Gefolge
sich heimlich im Schatten der Sonne zeigt,
die sich vor deiner strahlenden Essenz verneigt,
dann kommt einstweilen der herbeigesehnte Tag.
Geheilt, gelöst und endlich geliebt - der alte Verrat.

Wenn ich Veränderungen in meinem Leben
nicht nur einladen, sondern auch spürbar erleben will,
muss ich hinschauen!
Ich muss bereit sein,
zu jeder Zeit mich dem Unbequemen
und dem Unangenehmen zu öffnen
und mich trotz Ängste und Unsicherheit
in Bewegung zu setzen.
Fühle neu, denke neu...
daraus ergibt sich automatisch
ein neues Handeln,
das sich in der Veränderung im Außen zeigt.

Kannst du dich spüren?

Fühlst du, wie es dir wirklich geht?
Wir verlieren uns so oft
und vielleicht sogar viel zu gerne
im Gehetze der Zeit,
verloren und versteckt ist bisweilen unser Leid.
Ist`s doch allzumal der aufgedrückte innere Antreiber,
der uns nicht zur Ruhe kommen lässt.
Die Stille diesem als Feind erscheint,
nicht zu fühlen und zu spüren
was wirklich in uns heimlich träumt.
Kannst du es zulassen,
die eigene Schwäche?
Kannst du es annehmen,
den Moment des Kontrollverlustes,
der sich im Kleid von Krankheit,
Funktionsunfähigkeit und Ohnmacht zeigt?

Es geht nicht darum,

es besonders gut oder herausragend zu gestalten,
damit dich ein jeder für dein Tun bewundert,
so wie es von dir erwartet wird.
Du kannst dir Techniken aneignen,
die Dinge bis ins kleinste Detail studieren,
wenn dein Handeln nur dem Zweck dient,
durch Belobigung und Anerkennung
deine innere Leere zu füllen,
so gehst du leer aus.
Der Sinn besteht darin,
dein Augenmerk auf das auszurichten,
was deine Leidenschaft zum Lodern bringt,
dich dem hinzugeben
und zu ergießen, wofür dein Feuer brennt.
Durch das Leben deiner selbst
wird die Bestätigung von außen
kein ersehntes Ziel mehr sein,
es ist nicht mehr von Nöten.
Du selbst bist es,
die nun deine Leere füllt.

Wahrhaftiges Vertrauen
beinhaltet die vollständige Annahme
aller momentanen Lebensumstände.
Wer wirklich vertraut,
fürchtet sich nicht und hadert nicht,
wenn ihn der Schmerz
mit seiner drohenden Dunkelheit packt.
Der Wissende weiß,
dass nichts von Dauer ist.
Er legt sich vertrauensvoll in die Arme des Lebens
und lässt sich sanft weitertragen.
Gerade in Momenten und Situationen,
die uns in einem tiefen Loch festhalten,
zeigt sich, wie wahrhaftig unser Vertrauen wirklich ist.
In den schlimmsten Auslebungen
und im tiefsten Schmerz
erstrahlt die Verzweiflung
und die Ohnmacht in ihrer ganzen Pracht.
Anstatt sich weiter gegen diese vermeintlich
zerstörerischen Gefühle zu wehren,
tun wir gut daran,
still zu werden und zu beobachten,
zu fühlen, was gefühlt werden möchte.
Werden wir still und gehen in die Annahmen,
demonstrieren wir wahrhaftiges Vertrauen ins Leben.
Erst dann kann sich Wandlung einstellen.

Wenn ich bei mir bin,

kann ich meinen Herzschlag spüren,
meinen Weg und meinen Rhythmus fühlen.
Wenn ich bei mir bin,
pulsiert meine eigene Energie
in meinem heiligen Gefäß.
Vollkommen erfüllt von meiner Essenz
bade ich in meinem geschützten Raum.
Es gibt dann nichts,
das mich von mir selbst entfernt.

Ernüchterung in den Gedanken,

fade und leer ist der Beigeschmack.
Noch immer zeigt es sich nicht,
was so tief in mir gefühlt und gemalt wurde.
Hämisch grinst das Ego im schillernden Glanz
seiner eigens auferlegten Blase.
Losgelassen ist,
was nicht mehr in meinen Gedanken verweilt.
Freigelassen ist,
was sich im ruhigen Spiel des Atems zeigt.
Wie sehr ich mich auch bemühe,
so weit wie meine Beine mich auch tragen,
ich komme doch nur wieder bei dir an.
Ob das jemals aufhört?
Mitnichten!
Diese Liebe bleibt in ruhiger
und stoischer Gelassenheit.
Je mehr ich mich ihr widersetze,
desto mehr liebt sie mich,
liebst du mich.
Es ist die Hingabe,
die nach mir unentwegt verlangt.
Das völlige Einlassen auf das reine Gefühl –
ohne Resultate und Wirkung im außen.

Manchmal ist das,
was so unerreichbar scheint,
so viel näher als geglaubt.
Jenseits deines Verstandes,
hinter deinen Gedanken
ist das Gesuchte so nah.

Wenn es für mich keine Rolle mehr spielt,
wie und ob du agierst,
weißt du, dass du endlich frei bist.
Wenn das Fenster der Liebe
für dich weit geöffnet ist,
keine Sorge des Verschließens
dich wieder bremst,
weißt du, dass du endlich gehen darfst.
Wohin, wann, mit wem ist nicht wichtig…
einzig deine Schritte zu dir,
zu deinem eigenen Glück, zu der Liebe,
die du so sehnsüchtig suchst,
ist nur noch entscheidend.
Und ich, ich gehe die Meinen.

Wenn es Zeit ist, die Seele baumeln zu lassen,
sich genüsslich im Nichtstun zu verlieren,
die Sonne die Nasenspitze küsst,
während das Meer das Lachen begrüßt,
darf ich nur für mich sein.
Auftanken, sich im Wind der leisen Veränderung drehen,
Altes zurücklassen und die berauschende Stille in ihrer
Vollkommenheit zu wahren,
um dann mit neuer Energie wieder in den
lieb gewonnenen Alltag einzutauchen.
Wenn es Zeit ist, Grenzen zu sprengen,
um das Neue zu empfangen,
darf ich einfach nur sein.
Mögest auch du die kommende Zeit
in deiner eigenen Ausdehnung
der Ruhe und Entspannung genießen.
Möge sich auf sanfte und liebevolle Weise
der Stress, die Anspannung
und alles dir nicht mehr dienliche lösen.
Mögest auch du von der heilsamen Erfahrung
des puren Seins umarmt werden.

Sei glücklich!

Einfach so.
Sei es jetzt.
Mit dem, was jetzt da ist.
Mach das Allerbeste daraus.
Es bringt dir nichts,
auf etwas vermeintlich Besseres,
Schöneres, Größeres zu warten.
So sitzt du im Wartezimmer deines Lebens.
Also! Sei glücklich!
Jetzt.

Und wenn du es jetzt nicht sein kannst,
so frage dich, welcher Anteil von dir im Widerstand ist?
Was in dir ist es, dass dich von deinem Glück abhält?
Spüre genau hier nach und richte deine gesamte Aufmerksamkeit
genau auf jenen Widerstand in dir.
Welche Sätze kommen hoch,
Bilder oder eventuell Personen?
Meist sind es übernommene Glaubenssätze, Verhaltensweisen
von uns nahestehenden Personen,
die wir zu unseren eigenen gemacht haben,
die uns verbieten das Glück zu leben.
Was ist es bei dir?

Wenn all das, was ich immer fühlte
eine Lüge ohne Boden ist,
mein Gefühl mir stets den Irrweg wies.
Was ist, wenn ich in dir nur eine Blase
ersehnter falscher Illusionen sah?
Was ist, wenn das in mir Erlebte
nur ein Ausdruck meines
polemisch grinsenden Egos ist?
Die Gedanken überrollen mich,
im eigenen lauten Zweifel gefangen,
die leise Stimme meines Herzens
kaum wahrnehmbar ist.
Und dieses flüstert ohne Unterlass,
alles Gefühlte aus dem Urgrund
stets den richtigen Weg mir wies.
Die Zweifel im ohrenbetäubenden Getöse,
jedoch allzeit der Ausdruck des Egos ist.

Du siehst in mir nur das Starke,

stresserprobte Harte,
das sich kämpferisch aus den Fluten
des Lebens erhebt,
im wohligen Wissen,
dass ich dich trage
und alles Schwere von dir nehme.
Ja, das tat ich mein Leben lang,
eine Facette, ein aufgedrückter Anteil von mir,
dabei bin ich in meinem tiefsten Inneren
so zerbrechlich, verletzlich und zart,
dass das Harte im außen mir nur dem Schutze diente.
Doch das siehst du nicht,
du siehst mich einfach nicht.
Die Bequemlichkeit ist deine behagliche Heimat geworden und
vernebelt dir den Blick.
Verständlich, müsstest du ja im Moment der Erkenntnis
und mit dem Tragen deiner eigenen Themen
selber schwimmen.
Selbst wenn ich wollte,
selbst wenn ich mit aller Macht
wieder in das alte Harte eintauchen wollte,
es funktioniert nicht mehr.
Die Zeit riss vehement meine Schutzmauer ein,
das was bleibt, ist meine nackte Essenz:
Liebevoll, warm, weich, nährend,
aber auch zutiefst verletzlich.
Ich ertrage das Harte nicht mehr.
Das Schroffe und Grobe trifft mich im Mark.
So bleibt mir nur eins,
mich zu lösen….von allem,
das nicht mit meiner Essenz in Resonanz geht.
Das ist mein wahrhaftiger Schutz,
die Liebe zu mir macht es möglich.

Weil ich mich liebe, mag ich nicht...

- dauernd verfügbar sein
- deine Erwartungen erfüllen
- funktionieren
- in der Kontrolle baden
- permanent grinsen, wenn mir zum Heulen ist
- dir gefallen müssen
- angepasst sein
- immer kompromissbereit sein

Weil ich mich liebe, mag ich viel lieber...

- auch mal abtauchen, um in der unendlichen Weite meine Stille zu genießen
- meinen eigenen Bedürfnissen genussvoll gerecht werden
- alle Fünfe gerade sein lassen
- meinen Tränen freien Lauf lassen, weil es so herrlich befreiend echt ist
- in deine Ungnade fallen, weil ich es mir selber recht mache
- völlig unkonventionell aus der Reihe tanzen, weil das Leben so erst richtig Spaß macht
- ab und an kompromisslos sein und mich an die erste Stelle setzen

Das Größte,

Schönste und Erfüllendste ist das Einfachste.
Aber weil es so einfach ist,
kann es unser kompliziert suchende Verstand
nicht im Bereich des Möglichen sehen.
Es ist das Herz,
das die Einfachheit sieht,
indem es sich der Liebe verschrieben hat.
Liebe ist Heilung, Liebe ist Erfüllung,
Liebe ist das Schönste und Größte –
so einfach ist das!

Du hast keine Macht mehr über mich.

Nichts von dem,
was du mir säuselnd ins Ohr hauchst,
oder in den dunkelsten Farben
panisch zu mir rüber schreist,
hat Einfluss auf mich.
Der einstige reißende Gedankenfluss
hat sich in der heiligen Stille
meines Herzens schlafen gelegt.
Du magst dich verrenken, aufbäumen, toben
und dich in der lieblichsten Fratze zeigen,
die Macht der Angst hat ihre Zähne verloren.
Ich bleibe in und bei mir,
richte mein Haupt auf und schreite
glücklich und befreit
durch das künstlich kreierte Chaos.

Und es bricht…es bricht auf,
die tief in dir verborgenen, alten Strukturen,
jenseits deines Verstandeseinflusses,
außerhalb deiner Kontrolle.
Weglaufen, entziehen, rauswinden,
jegliche Form der Abkürzung
ist dir entzogen wurden.
Was für ein Segen, was für eine wunderbare Zeit –
mitten im Chaos,
inmitten der gefühlten Vernichtung.
Ein Teil von dir stirbt! Endlich!
Es ist der Teil, der dich all die Jahre hat glauben lassen,
dass du alleine bist.
Jene Struktur, die dich immer wieder und wieder
in das Leid hineingezogen hat.
Sie verliert jeglichen Halt,
die Kontrolle und die Macht über dich.
Und genau in diesem unaufhaltsamen Sturm
wirst du dich wahrhaft finden –
jene Essenz, die du wirklich bist.
Im Schmerz der so wichtigen Veränderung
verliert sich alles Destruktive,
während sich gleichsam das Neue zeigt.
Sei dir gewiss, dass es nur eine Phase,
ein entscheidender und dringend nötiger Prozess ist,
der deiner Befreiung dient.
Je bereitwilliger du dich Diesem hingibst,
je mehr du dich ins Vertrauen fallen lässt und geschehen lässt
was ist, desto sanfter kommst du durch.

Tue das, was dir am Herzen liegt,

wo deine Leidenschaft entfacht wird
und wofür deine gesamte Existenz brennt...
dann bist du bei dir,
dann ist es wirkliches Leben aus der Tiefe deines Seins.
Es sind stets unsere begrenzten Gedanken
eines engen Verstandes,
die unsere grenzenlosen Möglichkeiten blockieren.
Wir sind es selbst,
die uns immer wieder von dem abhalten,
wonach sich alles in uns sehnt.
Unsere eigenen Gedanken,
Zweifel und Sorgen blockieren
den natürlichen Sog des Lebens,
das nichts anderes möchte,
als uns zu uns selbst zu führen.
Was ist erhabener, erfüllender und zugleich heilsamer,
als das in Handlung zu bringen,
das uns vollkommen entspricht?
In der Befreiung aus den viel zu engen Ketten
unseres Verstandes, lassen wir uns mutig
in unsere eigenen Tiefen fallen,
was unweigerlich ein Leben im Einklang
mit unserer ureigenen Natur möglich macht.

Du kannst dich geben wie du möchtest,
kannst dich verrenken,
die lieblichsten Flötentöne spielen.
Du kannst dich ohne Unterlass
von der güldensten
und schillerndsten Seite zeigen,
doch wird der Andere stets
seine eigenen Projektionen in dir sehen.
Daher sei doch einfach vollständig Du.
Es macht keinerlei Sinn sich zu verbiegen,
zu verdrehen oder sich unter
einem schützenden Scheffel zu stellen.
Ein Jeder sieht in dir nur das,
was er sehen will
und was in ihm selber ist.

Das Kleid im seidenen Glanz,

ein fremder, aber wohliger Duft umhüllt
verlockend das Antlitz einer neuen Zeit.
Das Alte sich noch einmal fade zeigt,
verblassend sich hilferufend dem Abend neigt.
Liebevoll ist der Blick zurück,
wärmend die Gedanken für eine kaum
mehr wahrnehmbare vergangene Welt.
So ist es wohl, wenn das fertig Gelebte,
das Erfasste bewusst erfahren und durchliebt wurde.
Die alten Kleider abgebrannt,
das Nackte in ohnmächtiger Verletzlichkeit erkannt,
gefühlt, gerungen, gewehrt,
gesperrt und dann gestorben,
das Alte.
Erwacht im Neuen....neuem Gewand.
Geblieben ist das, was ein jedem bekannt:
Die Liebe...nur dieses Mal frei.

Irgendwann schließen wir uns wieder in die Arme,
vielleicht nicht jetzt, nicht heute und auch nicht morgen.
Dein eigener Antreiber verbietet es dir.
Er hält dich streng und heroisch weiter in der
eigens auferlegten Knechtschaft.
So sehr ich dich hinter deinen Mauern verstehe,
mit dir fühle und dich, ja DICH sehe,
so sehr bin ich weiterhin bei mir.
Und hier bleibe ich,
liebend, wissend mit offenem Herzen sehend,
bis du mich wieder zu dir lässt.
Dann höre ich dir einfach nur zu,
halte deine Hand und spende dir die warme Stille.
Vielleicht nicht jetzt,
vielleicht nicht morgen,
aber irgendwann.

Du bist es nicht,

wenn es nicht offen ist.
Du bist es nicht,
wenn es nur durch die Hintertür geht.
Du bist es nicht,
wenn sich deine Worte nur
über drei Ecken,
versteckt hinter vermeintlichen Jecken,
heimlich an mich heranschleichen.
Ich will nur das,
was sich mir verletzlich
offen,
frei von Mauern und Schleiern,
geradeheraus und ehrlich
auf Augenhöhe zeigt.

Was auch immer du suchst,

wonach dein Herz sich sehnt,
dein Innerstes innbrünstig schreit,
es ist niemand anderes als Du selbst.
Jegliches zeitlich unabhängige Bestreben,
rastloses und nervöses Ersehnen
endet in dem Moment,
wo du das erste Mal bewusst
zaghaft, aber ohne Unterlass
die Schritte zu dir selber gehst.
Aus dem anfänglich ängstlichen Zögern
entwickelt sich mit der Zeit ein Sog,
eine Strömung, die dich warm und bestimmend einhüllt,
dein Herz auf wundersame Weise weitet.
Und irgendwann wachst du auf,
schaust in das zärtliche Licht deiner Augen,
wohl wissend und fühlend flüstert dein Herz:
Was ich wirklich will, bin ich!

Eine wirklich Beziehung mit Liebe,

Achtung und Wertschätzung
zeigt sich erst im völligem Umfang,
wenn wir die Beziehung mit uns selbst
in der Urtiefe des Seins vollumfassend,
annehmend und bedingungslos liebend
in die Realität gebracht haben.
Es geht um wahrhaftige Integrität,
es geht um radikales autarkes Sein,
es geht um das Leben deiner Selbst,
frei von äußeren Begebenheiten.
Solange du noch bettelnd die Liebe
von deinem Gegenüber brauchst,
kannst du dir sicher sein,
dass du die wahre Beziehung,
basierend auf bedingungsloser Lieber
nicht in dir lebst.
Erst wenn du NICHTS! mehr von einem anderen benötigst,
um die Liebe zu fühlen,
um dich ganz zu spüren,
um dich deiner Selbst bewusst zu sein,
weil du alles und zwar restlos alles
in dir selber spürst,
fühlst und lebst,
ja erst dann weißt du,
dass du wirklich frei bist.
Und weil du in dir komplettiert,
frei liebend angekommen bist,
kann es dein Gegenüber auch endlich sein.
Eine Beziehung, in der jeder er selbst bleiben darf -
autark, unabhängig und frei -
beginnt in dem Moment,
wenn du jene Attribute in dir und mit dir
wahrhaftig integriert hast.

So schenkst du Liebe,
weil dein Herz vor dieser überquillt,
so kannst du Liebe annehmen,
weil du wirklich weißt,
dass du es wert bist.
So darf jeder sein,
wie auch immer er sein mag -
mal alleine, mal zusammen,
mal mit vielen gemeinsam,
mal für längere Zeit,
mal mit kleinen und großen Pausen.
Und alles ist genau richtig und gut für dich, wie es ist…,
weil du dich autark liebst.

Meine Schatten haben keinerlei Macht mehr über mich.

Erst jetzt erkenne ich hinter den langsam lichter werdenden
Nebelschwaden des bleiernen Vergessens,
dass die Dunkelheit niemals
die vorgegaukelte Illusion von Macht besaß ...
in meiner tiefsten Verzweiflung gab ich sie ab,
verließ mein Licht
und vergaß die Liebe, die ich bin.
Ich verrat aus lauter Ohnmacht und Pein
das Wesen, das ich bin.
Ich wurde zu einer immerwährend Flüchtenden,
ohne Unterlass und Halt,
bis zu dem Moment,
wo mich der Schatten flehend einholte.
Die Arme der Dunkelheit umschlossen mich fest
und entfesselten all die tief verdrängten Gefühle
längst vergrabener Zeiten.
Es war die Angst, die Ohnmacht, das Leid, der Verrat,
die Traurigkeit, die Verzweiflung, der Geruch vom Tod,
die Erstarrung, der tiefste Schmerz
gepaart mit der Vernichtung,
die mir in den Stunden der Nacht
die Luft zum Atmen nahmen....
und gleichsam eine nie geahnte Freiheit schenkten,
weil Ich mich spürte...
das einst eingeschlossene frei gab
und endlich fühlte.
Es war der Moment,
indem das Licht den Schatten küsste,
der Augenblick, wo die Angst erkannte,
dass sie die Liebe ist,.... weil Liebe alles ist.

Ich spiele dein Spiel nicht mehr mit.

Das Spiel, das ich seit Äonen
immer wieder und wieder gespielt habe.
Mal gewann ich, mal verlor ich,
doch das, was ich wirklich wollte,
wahrlich ersehnte, rückte immer weiter in die Ferne.
Und jedes Mal rauntest du mir verführerisch lieblich zu:
Spiele mehr! Spiele intensiver! Höher, weiter, schneller!
Bis zu dem Moment, wo ich mich in der Hetze
der unwegsamen Suche nach der Erfüllung erschöpft
in den kalten Sand der Realität fallen ließ.
Eine Suche, die sich stets außerhalb meiner Selbst bewegte.
Ich war am Ende, … am Ende meiner egogetriebenen Kräfte.
Ich war verzweifelt, der Zweifel an mir selbst
zerriss jede kontrollierte Gedankenstruktur.
Ich erstarrte in der Ohnmacht.
Ohne Macht erlebte ich mich in den sinnlosen Spielen
der illusionierten Gedankenwelt.
Und all das, was sich in den dunkelsten Stunden zeigte,
mir die Luft zum Atmen nahm, mein Herz vor Schmerz schrie,
schenkte mir die größte Erkenntnis:
nackte und reine Bewusstheit,
wer ich bin und was ich wirklich will.
Es ist meine ureigene Entscheidung, mich in den Spielen
der selbstgewählten Erfahrungen einzulassen.
Es ist meine Wahl, meine Verantwortung,
meine eigene Macht.
Und zum ersten Mal entscheide ich bewusst neu!
Ich spiele das alte Spiel nicht mehr mit.
Aufatmen, unbegrenzte Freiheit, Leichtigkeit und Liebe pur.
Ich bin. Und du?

Wie schön du bist, mein Haus am See.

Gerade jetzt in dieser kargen und kalten Zeit,
in der sich dein schützendes Hemd
ohne Blätter und dem leuchtenden Grün
in seiner nackten Form der Einfachheit zeigt,
sehe ich dich vollkommen klar.
Wie schön du bist, meine Perle.
Spiegelt sich ganz sachte und doch rein,
dein Antlitz in den tiefen deiner eigenen See.
So verweile ich gebannt und fasziniert
am anderen Ende, für dich kaum sichtbar
und doch so nah,
versinke in deiner heiligen Ruh'
und lass mich von deinen lieblichen Klängen
in die Stille meines Herzens führen.
Oh was bist du schön, mein Haus am See.

Impulslos und leer,

unbekannt und unerkannt
sehe ich mich ganz neu
im Spiegel meiner Selbst.
Bin ich das?
Bin ich das wirklich?
Das Alte verließ den Raum,
geblieben ist diese eine Leere,
dieses unbekannte Nichts,
was mich einst so unsagbar ängstigte.
Nun aber enthüllt es sich in seinem heiligen Sein.
Vertrauen ist der tragbare Boden,
die Hingabe der nährende Halt
und mein Sein die entblößte Ganzheit
der Liebe, die ich bin.
Und so liebe ich das Neue,
das sich erstmals als ein impulsloses,
leeres Nichts erweist
und gehe weiter meine Schritte,
geboren aus dem Vertrauen und der Liebe
in das verheißungsvolle Nirgendwo.

Weit entfernt, in einer anderen Zeit,

als die Liebe noch frei und unbekümmert
auf jeder Blume, in jedem Blick,
im Regen und bei Sonnenschein zu finden war,
lebte sie das Leben in ihrer ganzen Pracht,
bis zu dem Moment, wo sie vergaß,
dass sie die Liebe war und aus lauter Verzweiflung
das Kleid der Angst anzog.
Sie versteckte sich bis zur Unkenntlichkeit
hinter dicken Mauern
und linste nur ab und an
in den immer dunkler werdenden Raum.
Die einstige Größe, das herrliche Strahlen
und der leuchtende Frieden
wurden von der Kleinheit,
dem Hass und der tiefen Traurigkeit ersetzt.
Irgendwann schrie das Leid so schrill und laut,
dass die Mauern der Liebe
schmerzhaft in sich zusammenfielen.
Stein um Stein, Stück für Stück.
Es war ein Aufatmen sondergleichen,
eine Befreiung aus der selbst auferlegten Pein.
Und heute sieht man sie wieder,
die Liebe…
auf so mancher Blume und in manchem Gesicht,
im Regen und auch bei Sonnenschein.

Nur in meinem Kopf

ist die Vergangenheit in all ihren Farben
und Nuancen lebendig.
Nur in meinem Kopf
gibt es die Bilder der Zukunft,
erdachte Tendenzen,
Dramen und die Höhenflüge
kreierter Gedankenfelder.
Nur in meinem begrenzten Kopf
lebt das gesamte Schauspiel
der Illusion.
Und nur in meinem Kopf
zeigt sich die Trennung
in Form von Schmerz,
Hoffnungslosigkeit, Leid und Pein.
Ist es doch die Spaltung
von meinem wahren Sein,
das sich stets im Leisen und warmen
der Stille meines Herzens zeigt.

In einer anderen Zeit

jenseits der Zeitlinien
an einem anderen Ort
fernab des Gekannten,
in einem neuen Kleid
zeigt sich völlig unverhofft
die Begegnung in ihrer Vollendung.
Kein Wort, kein Gedanke,
keine trennenden Gesten
können das neu entfachte Band
der Einheit trennen.
So bedarf es nur einem einzigen Blick,
ein einziger Augenaufschlag
und du weißt,
dass es Liebe ist und immer war.

Nein, ich rette dich nicht.

Niemals!
Selbst wenn ich es könnte,
ich will es nicht!
Du ertrinkst nicht ohne Grunde,
verbrennst nicht einfach nur so.
Deine aufgedrückte Struktur stirbt
schreiend und widerwillig
in dieser heiligen Zeit.
Und genau das ist gewollt.
Ich will deinem destruktiven Gefüge
nicht weiter behilflich sein,
am Leben zu bleiben.
Ja, das tut weh!
Ja, es ist eine gefühlte Vernichtung!
Und ja, ich fühle mit dir!
Jedoch ist es meine Herzenspflicht,
dich in deine eigenen Tiefen fallen zu lassen,
auszuhalten, dass du leidest
und der Schmerz dich umarmt,
wohl wissend, dass jetzt endlich
befreiende Heilung geschehen kann.

W orte,

es gibt unzählige, vielfältige,
in allen Formen und Facetten,
versuchen sie doch auf ihre Weise
die eigenen Tiefen unseres heiligen inneren Raumes
klar und verständlich ins außen zu bringen.
Ist es doch der ersehnte Wunsch,
von dem Gegenüber verstanden, angenommen
und letztendlich geliebt zu werden.
Und so sprechen, schreiben, singen,
hilflos schreien wir die ersuchte Liebe
in das äußere erlebte Gefilde,
bis es still wird in uns,
weil das Wort im leeren Raum verhallt.
Es ist die Verzweiflung und Ohnmacht,
die sich nun in all ihrer Pracht
um das Unverständnis und die Ablehnung hüllt,
nicht um dich zu quälen, das ist niemals der Sinn.
Sie drücken dich auf unbequemen Wegen,
mit all ihrer liebevollen Kraft in dein eigenes Leid,
tief vergraben und umhüllt in deinem Herzen.
So dass du es, DICH endlich spürst und fühlst,
und irgendwann erkennst,
dass keinerlei Worte nach außen gerichtet,
dir die erhoffte Erlösung schenken,
dass es niemals der andere sein wird,
der dich mit Liebe füllt,
um dein hungriges Herz zu stillen.
Der güldene Schatz, die Liebe, die du suchst
liegt still und leise, geduldig wartend
in der Dunkelheit deines Leides.
So sei dir Gewiss, dass dein eigener Abstieg
im Grunde genommen der eigentliche Aufstieg ist.

Zur gleichen Zeit zeigst du mir die Liebe
maskiert in der hässlichen Fratze Chaos und Trennung.
Es ist die Ambivalenz in ihrer herrlichsten Verkleidung
außen schillernd, innen tristes grau,
die sich verächtlich grinsend
im Kleid der Veränderung zeigt.
Glücklich der, der genau jetzt
im wilden Aprilgetaumel,
den leisen Raum der Stille sucht.
Gehalten der, der sich nicht
durch den lauten und grölenden Schein
vom eigenen Sein blenden lässt.
Zufrieden der, der weiterhin
vertrauensvoll und ohne Unterlass
seiner eigenen weisen Stimme folgt,
auch wenn der vermeintlich intelligente Verstand
dir andere altbekannte Wege weist.
Zur gleichen Zeit zeigst du mir die Liebe
immer wieder und wieder.
Völlig gleich welches Gewand du wählst,
unabhängig hinter welcher Wand du dich wähnst,
ich sehe dich - die Liebe, die du bist.

Oh wie ich sie suchte,

diese eine heilige Liebe.
In meinen Gedanken war alles so klar,
ich malte sie mir in den schillerndsten Farben,
sitzend auf einen herrlichen Thron.
Gab ihr eine projizierte Form
und meißelte sie unwiderruflich
in jede Zelle meines Selbst.
Getrieben und unermüdlich
reiste ich durch Raum und Zeit,
weder links, noch rechts,
kein vor oder zurück,
nichts von all dem bekannten
erwies sich als das Ersehnte.
Welche Gesichter sich auch zeigten,
oder auf welchen Wegen sie sich verzweigten,
diese Liebe erwies sich nicht.
Immer wieder und wieder
spielte ich das gleiche Lied,
gefangen meiner eigens kreierten Projektion
der gesuchten heiligen Liebe.
Und irgendwann, nach einer gefühlten Ewigkeit,
fiel ich auf mich selbst zurück.
In den Tiefen meiner Selbst fand ich
in der Dunkelheit mein eigens Licht.
Und genau das war das ersehnte Gesuchte,
jenseits der gedachten Form,
weit entfernt von jeglicher Verstandes – Projektion,
umarmte mich dieses eine Feuer,
die Liebe, die ich bin.

Die Kriegerin in mir,

sie ist noch da.
Nur zeigt sie sich im neuen Gewand.
Der Kampf um des Kämpfens Willen
hat sich in den Weiten meines Herzens
schlafen gelegt.
Es verliert jeglichen Sinn.
Leben ist kein Kampf.
Leben ist Freiheit, Ekstase und Frieden pur.
Nur ab und an wird sie geweckt,
die Kriegerin in mir.
Es sind die Momente,
wenn sich das Ego anschleicht
und mir hämisch zuraunt,
ich müsse mich beweisen
und mein Sein zu behaupten.

Der perfekte Single ist glücklich vergeben,
im besten Fall an sich selbst.
Er braucht dich nicht,
um die Liebe zu spüren,
er benötigt dich nicht,
um sich selbst zu fühlen.
Es bedarf keinerlei Erwartungshaltungen,
kein sehnsüchtiges Verlangen
oder abhängiges Begehren,
Er liebt sich und dich - einfach nur so,
weil die Liebe überquillt,
aus ihm selbst heraus.
Und was bleibt, wenn er dich nicht mehr braucht?
Nun, es ist die Freiheit
eines aus dem Herzen basierenden Wollen,
sich Dir ohne ein Wenn und Aber hinzugeben...
Und wie findest du nun diesen perfekten Single?
Sei es selbst!
Und nichts Anderes kann zu dir kommen.

Einst suchte ich die Liebe so verzweifelt in dir,

im Glauben, dass nur durch dein Geben, dein Sein,
für mich jemals Liebe zu erhalten möglich sei.
Ich sperrte mich über Äonen in das Kleid
eines ohnmächtigen Bettlers ein.
Im tiefen Glauben der Liebe nicht würdig zu sein,
schnitt ich mich mit jedem hastigen Atemzug von uns ab.
Irrte durch die Nacht, die Tränen nicht geweint
und doch streng bewacht in den Tiefen meines Seins.
Bis zu jenem Tag, an dem mich das Tränenmeer,
der Seelenschmerz bis zur gefühlten Zerstörung
vehement und ohne Unterlass in meine Mitte drückte.
Ich starb, alles in mir fern der Liebe nahm Abschied.
Die Nacht sich dem Tag hingab,
Der Schatten der Vergangenheit sich schlafen lag.
Erwacht beim neuen Morgengruß,
war es die Liebe, die ich einst nur für dich
zu verspüren mochte,
sich nun befreit aus den Ketten verflossener Zeiten,
als die meine zeigte.

Es war der Augenblick,

der keinerlei Worte mehr bedarf.
Gezogen vom Sog
umarmte sich die Liebe,
während der Verstand
sich still eine Pause nahm.
Ein Augenblick, in dem die Zeit zeitlos schien.
Der Moment, der gelebten Einheit
einer schier niemals endenden Liebe.
Wäre da nicht der Verstand
und die viel zu kurze Pause.

Wenn Herz und Verstand
sich ausgesöhnt in die Arme fallen,
das Kriegsbeil begraben
und der Widerstand niedergelegt ist,
kehrt der lang ersehnte Frieden ein.
Der Wunsch endlich geliebt, gesehen,
gehört und anerkannt zu werden,
hört auf zu existieren, weil wir es uns
selber schenken können und darüber hinaus
endlich auch unserem Gegenüber.
Utopie?
Mitnichten...gelebte Realität,
die voraussetzt, sich forschend, neugierig
und liebevoll nach innen zu ziehen.
Hier können wir erkennen,
was uns an unsägliche
Wiederholungsschleifen gebunden hat,
welch destruktive Strukturen
in uns verborgen sind
und mannigfaltig unterdrückte Gefühle
endlich gefühlt werden wollen.
Bewusstwerdung und die Bereitschaft zu fühlen, was ist,
löst alte verkrustete Strukturen.
Der Schlüssel zum gelebten Frieden,
zu deiner persönlichen Freiheit liegt in dir.

Ich mag es, berührt zu werden.

Aber nicht die Berührung,
die lediglich die Oberfläche kitzelt,
auch nicht Jene,
die sich einzig an der harmlosen Projektion
des Gewünschten nährt.
Ich mag genau diese Eine,
die so tief mein Mark erschüttert,
mein Innerstes immerfort und
unerschütterlich zum Vorschein bringt.
Es ist genau die Verbindung,
die jenseits der linear gedachten Vorstellung
nur auf der Ebene des Herzens zu finden ist.
Ich mag es sehr, in meiner entblößten Essenz
die Liebe in meinem Ebenbild zu umarmen.
Ich mag es einfach zu berühren.

Nischenleuchte

nicht sonderlich auffällig
und selten von anmutender Schönheit,
steht sie meist tagelang unbeobachtet
kaum merkbar an ihrer wohlbekannten Stelle.
In Zeiten des euphorischen Sonnenscheins,
bei lauter Musik und dem Glanze des schillernden Leins,
übersieht man sie leicht,
in ihrer stillen und schlichten Unscheinbarkeit.
Doch wenn es dann mal finster wird,
kein Licht, kein Schimmer durch den Vorhang fällt,
dann ist genau diese eine fade, unaufgeregte Leuchte
dein ersehnter lichtspendender Wärmequell…
noch nie war sie so schön,
die Nischenleuchte.

Impulse

Wenn ich hier meine Impulse niederschreibe
und dir auf liebliche und feine Weise
in Worte gekleidete Inspirationen weiterleite,
so vergiss bitte niemals,
dass jede Zeile, jedes Wort
eine Spiegelung meiner eigenen Welt ist.
Es hat insofern nur mit mir zu tun,
ist somit die Saat meiner eigenen zukünftigen Schöpfung.
Lediglich, wenn es dich berührt,
mit einem Anteil in dir zu tanzen beginnt,
so sei dir gewiss, dass mein Impuls auch zu deinem wird.
Aber Obacht! Bleibe stets bei dir,
prüfe, fühle, spüre, ob du das von außen Gesagte
auch wirklich zu deinem machen willst.
Und so verbleibe ich hier mit Herzensgrüßen
und wünsche dir einfach ein Mee(h)r von dir.

Du musst nichts mehr gutmachen,

nichts korrigieren oder gar revidieren,
es ist schon lange wieder gut.
Es ist gelöst und geheilt
in dem Moment, wo du es einfach lässt,
in Liebe annehmend da sein lässt.
Du brauchst niemanden um Verzeihung bitten,
es sei denn, du bist es selbst,
die deine Erlösung und dein liebevolles
Verzeihen braucht.
Du musst nicht mehr in dem alten Leid baden,
dich verdient machen und die Erwartungen anderer erfüllen,
nur um die Liebe zu bekommen,
die du so sehnsüchtig suchst.
Sei einfach nur bei dir,
schau tief und tiefer und auch mal hinten rum,
und du erkennst, dass alles was du suchst, dein Eigen ist.

Liebe

Du wirst sie nicht in den Extremen finden,
auch nicht im euphorischen Schein,
niemals ist sie laut, schillernd,
grell oder gar im Vordergrund der Heiligkeit zu finden.
Liebe will nicht,
Liebe verlangt nicht
Liebe oktroyiert nicht,
sie gibt nichts vor,
manipuliert und fingiert nicht,
sie plant nicht und verletzt nicht.
Liebe tut niemals weh,
sie schmerzt und zerreißt nicht,
Liebe verurteilt und tötet nicht.
All das ist das Konstrukt „Liebe"
kommend aus der Egosphäre heraus.
Vielmehr ist Liebe das, was immer ist.
Still, unscheinbar unaufgeregt, leise
stets im Hintergrund ganz sachte und fein,
immerwährend, umarmend
integrierend, wahrhaftig und ehrlich,
weder besonders hervorgehoben schön,
noch anderweitig von auffälliger Gestalt.
Liebe ist die schlichte Eleganz der zeitlosen Zeit,
die entspannte Nüchternheit,
so rein und klar,
dass das Nackte dich erstmals erschrecken mag.
Liebe ist Vertrauen,
Hingabe an das ewige Jetzt.
Liebe ist so viel mehr,
als die begabtesten und weisesten Worte
auch nur ansatzweise in eine Form kleiden könnten.
Liebe ist das, was dich jeden Morgen im Spiegel anschaut,
Liebe ist, was du wirklich bist

Spiele,

so berauschend und unterhaltsam,
schenken sie uns in ihrer bekannten Form
nicht nur die Leichtigkeit und Unbeschwertheit
eines freien Kindes,
im manipulierten und missbrauchten Kleide,
dem Mittel-Zum-Zwecke dienend,
entfaltet sich genau jenes Theater
als das Drama unserer Erlebniswelt.
Es ist die dunkle und fiese Fratze
der anderen Seite der Medaille,
die sich immer dann erkenntlich zeigt,
wenn wir uns dem Spiel nicht mehr
um des Spielens Willen hingeben.
Daher nimm deine innere Unschuld,
dein freies Herz an die Hand
und tanze mit offenem Geist und wohlbedacht
nur auf dem Parkett der ehrlichen Theaterbühne.

Ein Sterben in Etappen,

so schreit es der Verstand
in seinem typischen Zynismus.
Ein Enden, ohne jemals wirklich
begonnen zu haben,
weint die Vergangenheit in ihrer
schieren Hoffnungslosigkeit,
während die zarte Pflanze
der immerwährenden Liebe
das Leben in seiner herrlichen Gänze
leidenschaftlich begrüßt.
Ein Leben, ohne Anfang und Ende,
mit samt den berauschenden Klängen
der niemals endenden Unendlichkeit.
Ein Dasein in seiner einzigartigen Tiefe,
die nur dein Herz dir offenbart,
im freien Fall...
ohne Wollen und Kontrolle,
in der puren Einfachheit des Seins.

Still darf es werden,

leise ist die bevorzugte Gangart,
wenn du WIRKLICH erkennen, WAHRHAFTIG sehen
und leben willst.
Solange du noch den lauten Tönen,
dem glänzenden und schrillen Schein
deine Aufmerksamkeit schenkst,
wirst du dich auch weiterhin
in alten Egogefilden wiederfinden.
Es führt kein Weg daran vorbei,
sich bewusst und ohne Unterlass
aus dem bisher sicher Bekannten zurückzuziehen,
um erstmal beobachtend aus deiner eigenen Tiefe heraus,
das bunte Treiben im außen und auch dein eigenes Handeln im
Licht der Erkenntnis wertfrei DA SEIN zu lassen.
Sehe, Verstehe und liebe das, was sich in dir zeigt.
Der leichteste und ehrlichste Weg,
deine Strukturen zu erkennen,
ist nach wie vor noch die Spiegelfläche deines Gegenübers.
Und wieder ist es die anfänglich erwähnte STILLE in dir,
das unberührte LEISE, das dir den Raum der Wahrheit
und Erkenntnis schenkt.
Nur reicht es einfach nicht,
es lediglich zu wissen,
es gebetsartig und missionierend
deinem Umfeld zu präsentieren,
wenn es echt werden soll,
bedarf es deiner Umsetzung.
Daher rede nicht mehr....lebe es!

Keuchend und mit letzter Kraft
erreiche ich die lang ersehnte Spitze
des kalten Berges in der weiten Ferne,
am anderen Ende der Welt.
Erschöpft und glücklich lasse ich mich
in den nassen Schnee fallen,
der sich sogleich meines erhitzten
und abgekämpften Körpers annimmt.
Diese herrliche Kühle, diese Reinheit in den Kristallen
des weißen Goldes, das sich auf meiner Haut
in einen schimmernden Bach verwandelt.
Während des langen und beschwerlichen Weges vergangener
Zeiten ließ ich Schritt für Schritt
die aufgedrückten und zugesteckten Steine
meines Rucksacks zurück.
Sie waren nie die Meinen,
doch hatte ich sie mir in gewohnter Manier
zu eigen gemacht. Und nun?
Nun trage ich nichts mehr,
von Niemandem und für Niemanden.
Ohne das Loslassen der Fremdanteile,
ohne das Verabschieden der Bereitschaft,
alles auf mich zu nehmen und mich dabei zu verlieren,
wäre ich niemals an diese eine
ersehnte Spitze angekommen.
Ich wäre unterwegs von den Lasten
der anderen erdrückt wurden.
So schaue ich fasziniert in die Weite,
atme das Leben mit all seinen berauschenden Schätzen
und lieblichen Klängen der Leichtigkeit ein.
Was für ein Segen, was für eine Gnade endlich sehend, hörend,
fühlend vollkommen bei mir zu sein.

Völlig gleich, was ich in Dir sah,

unerheblich wie ich deine Auslebungen interpretierte,
es war und ist immer mein eigener Ausdruck gewesen,
den ich in mir nicht sehen wollte.
So war es ein leichtes,
ein einfaches und bequemes Unterfangen,
meine Schatten durch dich wirken zu lassen.
Jegliche Schlechtigkeit mit samt
der Vorhut der Verletzlichkeit,
die mein Herz umschlossen, konnte ich selber nicht spüren,
so dass nur durch dein Sein
und dein unbewusstes Einverständnis,
du zu meinem Spiegel wurdest.
Heute sehe ich mich,
kann mich in meiner Gesamtheit halten,
heute bin ich mit mir selbst verwurzelt,
und kann dich aus meinem Projektionsfenster entlassen.
Der Weg ist frei, dich nun völlig neu
und ohne fremden Schleier sehen zu dürfen.

Und immer wenn ich schaukel,

mitten im Sonnenschein,
dem blauen Himmel entgegen,
spielt der Wind beim Hin und Her,
verschmitzt mit meinem Haar.
Kühlt die Brise mit all ihrer
Zärtlichkeit meine glühenden Wangen.
Ganz einerlei, wie groß mein Antlitz ist,
oder mein Ich erwachsen grinst,
tief im Herzen ist's doch stets deine Kleine,
die in Dir den immerwährenden Großen sieht
und leise sehnend deine Arme sucht.

Sei milde mit dir.

In jeder Minute deines Seins.
Schenke dir die ungeteilte Aufmerksamkeit
und liebevolle Präsenz eines weisen alten Mannes,
der seinem Enkel wohlwollend beim Spielen zuschaut.
Jener weise Mann hält sanft den Raum,
gibt den schützenden Rahmen für sein geliebtes Kind.
Hier darf es sich austoben, ausprobieren, hinfallen,
wieder aufstehen, wüten, schreien, lachen, anecken, träumen,
sich selbst entdecken,
um sich letztendlich in der Weite
der eigenen Natur wiederzufinden.
Der weise Mann hält nach wie vor
den schützenden Raum....er greift nicht ein,
er begrenzt nicht, er ermahnt nicht,
er bewertet und urteilt nicht.
Er schenkt dem Kleinen lediglich die volle Zuversicht,
das unerschütterliche Vertrauen
und seine ihm innewohnende Liebe,
die sich in seiner ungeteilten Aufmerksamkeit widerspiegeln.
Und vielleicht ist es dir möglich,
genau jene Haltung dieses alten Mannes
zu deiner zu machen
und dem kleinen Kind in dir,
deine eigene volle und wertungsfreie
Aufmerksamkeit zu schenken,
dass es die Liebe fühlen kann, die du bist.
So kann genau dieser verletzte Anteil - das innere Kind –
in deiner heiligen Präsenz Heilung finden.
Sei wie dieser alte, weise Mann....

Durch die Blume,

hinter dem schützenden Lein
zeigst du mir auf leise
und kaum sichtbare Weise
deine stetige und unaufgeregte Liebe
im Kleid der Dunkelheit.
Wie die Königin der Nacht,
die nur in der Finsternis erblüht,
spricht dein Herz
fortwährend und ohne Unterlass
mit dem Meinem.
Und manchmal, in der Stille der Zeit,
jenseits der tobenden Gedankenfelder,
weit hinter dem Horizont,
überrascht uns das Leben
und schenkt uns die Begegnung im Licht.

Alles gesagt, alles gegeben,

jede Geste gelebt, dem Leben ergeben.
Kein Wort steht mehr aus, befriedet ausgewrungen
mit weiten Herzen auf den Zungen.
Fertig geliebt, sanft umarmt,
das lachende Ende ehrlich umgarnt.
Und so verabschiede ich die Illusion Du
aus diesem einen von vielen Leben,
begrüße dich in einem anderen,
erlösten und befreiten Herzbeben.
Hier dürfen wir dann endlich sein,
frei von glamourösen Schein.
Dann können wir wahrhaftig lieben,
die Illusion von „Du und Ich" transformieren
und am Ende glücklich und zufrieden
uns im WIR ganz bewusst verlieren.

In der tiefsten Nacht,

wenn kein Stern mehr strahlt,
kein Anker in deiner Nähe ist,
in der tiefsten Not,
wenn du auf deine Einsamkeit triffst,
dich im Irrgarten deiner Angst verlierst,
und die Ohnmacht dich lachend begrüßt,
bin ich bei dir,
ganz leise im Hintergrund,
fortwährend und tief im Untergrund
wache ich mit weitem Herzen
und wenn dich die Nacht umhüllt,
du mit deiner Einsamkeit zu tanzen beginnst,
die Ohnmacht in die Arme nimmst,
deiner Angst liebend entgegenkommst,
erkennst du mit der Zeit,
dein eigenes Licht
und spürst, dass Du und Ich
ein und dasselbe ist.

Wenn mich der Schmerz

auf allen Ebenen in seinen Klauen hält,
jegliche Kontrolle und Verstecken entfällt,
bleibt nur die Schönheit des jetzigen Moments,
mit all seinen Farben und Klängen
des kommenden Events.
Der Schmerz in jede meiner Zellen gebrannt,
wird mit lautem Getöse und hässlichem Gefolge
aus meinem Gefilde verbannt.
Und während der langen Klärungsreise,
hinterlässt das Leid und die Pein
die nicht gewollte Leere auf ihre Weise,
dass ich im Durchfühlen und Erspüren,
eine wohlige und unberührte Sanftheit fühle.
Es verlässt der Schmerz...
still und leise die Lebens-Reise.

Manchmal ist es einfach an der Zeit, es zu wagen.

Manchmal führt kein Weg mehr vorbei
an diesen so angsteinflößenden
und zugleich befreienden Moment:
der Sprung ins absolut Ungewisse,
der freie Fall in eine nebulöse neue Welt.
Während sich deine alten Strukturen
und die kleinen Furchtgeister
aus tiefsitzenden Konditionierungen
abermals lauthals in den Weg schmeißen,
in der Hoffnung, du traust dich nicht
- es hat bisher ja stets funktioniert,
ist Dir genau Hier und Jetzt klar:
Völlig gleich in welchem Gewand der Schmerz sich zeigt,
unwichtig wie laut dein Ego schreit
und unabhängig der Außenwelt,
die Zeit ist reif. Reif für genau jenen Schritt,
der sich schon über viele Jahre abgezeichnet hat...
das Neue steht bereit. Für Dich!
Es wartet mit weit geöffneten Armen
und Du bist zum ersten Mal aus tiefstem Herzen bereit,
dich in jene fallen zu lassen, ohne wissen zu wollen,
wie lang der Fall wird, wie tief der Sturz ist
und wo genau du landest.
Du springst, weil du weißt,
dass es die Liebe ist, die dich fängt.

Mit dir schweigen,

nebeneinandersitzend
in die Ferne schweifen,
während unsere Gedanken
Hand in Hand die Stille streicheln.
Mit dir vom Wollen befreit,
gemeinsam die Leere genießen,
unsere Narben und Wunden begrüßen,
ohne dabei das Lachen einzubüßen.
Ja nur mit dir mag ich
in meinen gesamten Lebenssekunden,
die zeitlosen Momente erkunden.
Es ist einfach so,
ganz unverhohlen und
auf wundersame Weise,
dass auf all den stillen und leisen Wegen,
nach unendlichem Drehen im Kreise,
die Liebe sich genau in unseren tiefen Wunden
in ihrer einzigartigen Natur offenbarte.
Und nur mit dir,
lebe ich jeden Tag das Wir.

Es ist die Sanftheit und die Reinheit,

die sich allmählich und unverhofft
im Kleid der Veränderung zeigt.
Sie lächelt Dir zu, liebkost dein Gesicht,
während um dich herum
alles in sich zusammenbricht.
Obgleich der Boden unter dir zerfällt,
oder die Angst sich zu dir gesellt,
unerheblich was sich dir verabschiedend zeigt,
so ist es nach wie vor, die Zartheit und die Unberührtheit,
die in all dem Chaos und der Unsicherheit bleibt.
Atme und lächle, wohlwissend und im tiefen Vertrauen,
dass genau in der Finsternis,
das eigene Licht die Welt erblickt.
Tanze und Liebe, drehe dich einfach weiter
auf dieser unaufhaltsamen Veränderungsleiter.
Und während du dich friedlich drehst,
dem Himmel entgegen gehst,
verabschieden sich durch sanfte Integration
der Schmerz, das Leid und die Pein im Flüsterton.

Es wird immer einen geben, der höher springt,
weiter läuft, schöner singt und breiter grinst.
Du wirst zweifellos stets auf Menschen treffen,
die dir deine Kleinheit und all deine tief vergrabenen
Schatten mit unbewusster Wollust spiegeln…
solange genau jene dunklen Stellen in dir
unerkannt und leise ihr bekanntes Spiel ausleben dürfen.
Die Ohnmacht und die Hilflosigkeit tanzen
unterdessen mit dir in unaufhörlich latenter Weise,
bis dich dein eigener Schmerz
in die Bewusstwerdung drückt.
Und wenn es dann echt wird,
wenn die Wahrheit den Schleier der erlernten
Handlungsunfähigkeit zerreißt,
die Erkenntnis dich auf den Boden der Realität schmeißt
und der konditionierte Denker in sich zusammenfällt,
wenn jegliche erdachte und selbstauferlegte Grenze
keinerlei Nahrung mehr erhält,
ist es die Reinheit der unendlichen Weite,
die Stille des hoheitlichen Moments,
die unerschöpfliche Liebe,
die dich in deinem gesamten Sein empfängt.
Und genau hier verliert sich der Schmerz,
verabschiedet sich dein Leid und die Einsamkeit,
weil du erkennst, weil du siehst und weißt.

Fassade

Gewünscht und angestrebt ist die allzeit
helle und freundliche Fassade,
Keine Biegung, keine Anomalie -
Hauptsache gerade.
Glitzern und Funkeln soll der Schein,
Bewunderung des Nachbarn
ist die Basis des heiligen Schrein`.
Und nur die oberflächlichen Augen,
das seichte und abgestumpfte Gefühl,
verbleibt allzu gerne an dem ranzigen Glauben,
die besonders schrille und grelle Fassade
sei das angestrebte Ziel.
Was wäre das Leben ohne Fassade?
Frei von Glanz, Gloria und Euphorieparade?
Es wäre ein wenig grauer,
vielleicht auch ein bisschen lauer.
Und bestimmt zeigt sich hier und da
die versteckte Trauer...
Aber im Leben der Gesamtheit unseres Seins,
wird es echt, wahrhaftig und frei von verstecktem Pein.

Das Leid der anderen,

wird sich solange in einer schlängelnden Umarmung
als das Deine erweisen, bis du dein verstecktes
und tief vergrabenes Schuldgefühl
im Licht der Erkenntnis umarmst.
Ein Schuldgefühl, das dich seit Äonen begleitet hat
und durch deine Ahnen genährt wurde.
Es ist kollektiv und doch das deine.
Im Moment, in dem du genau jenes
aus deiner Dunkelheit befreist,
diesem das Kostüm eines kümmerlichen
in die Jahre gekommenen Dämonen entreißt,
erkennst du, dass es lediglich die Macht besaß,
dich zu beherrschen und zu drangsalieren,
weil es im Heimlichen und Unbewussten
seine Spiele hämisch lachend fortführen konnte.
Du siehst und spürst die Wurzel des Übels,
die Ursache all deines Leids in genau diesem traurigen Anteil
„Schuldgefühl", .. der spitze und unerkannte Dorn
in deinem Fleische, der genau jetzt
nach deiner Erlösung schreit.
Wie sanft und erleichternd ist es,
dich selbst und somit dein gesamtes Umfeld
aus dieser alten Knechtschaft zu erlösen.
Und so mag ich dich ermutigen, mag dir mit meinen Worten
liebevoll und raumhaltend Mut zuflüstern:
Mach Licht in dir an, schau in die dunkelste Ecke
und auch einmal hinten rum, räume auf und befreie dich von all
dem Unrat, der schweren Last…
und wenn du dann im Keller deiner Seele,
in der hintersten Ecke das Schuldgefühl entdeckst,
dann nimm genau jenes in deine Arme.
Wiege es, liebe es solange bis es sich wohlig
und angenommen in der Weite deines Herzens schlafen legt.

Sich auf einen anderen Menschen wahrhaftig einlassen, heißt

im Vorfeld, sich unaufhörlich
und ohne Unterlass
in seine eigenen Tiefen begeben zu haben.
Die Voraussetzung für eine wirkliche Partnerschaft,
die auf echter Berührung beruht,
ist die Hingabe an dich selbst,
ein Erkennen, Lieben und Sehen
deiner eigenen Wahrhaftigkeit,
die deinen gesamten Schmerz
und jeden noch so subtilen Schatten umschließt.
Und wenn es in dir, mit dir echt wird,
wenn du wie Phönix
aus der verbrannten Asche deiner alten,
destruktiven Strukturen aufsteigst,
kannst du auch erst dein Gegenüber wirklich sehen,
ihn wahrhaftig spüren.
Jede Berührung auf Basis dieser radikalen
und schonungslosen Authentizität
öffnet sowohl dein, als auch das Herz deines Gegenübers.
Es ermöglicht eine nie geahnte und gekannte Nähe,
die dich anfänglich durchaus erschrecken mag.
Das Feuer der reinen Liebe ist heiß, verdammt heiß…
und verbrennt in Windeseile
noch jegliche destruktive Strukturen,
die eventuell noch in dir oder deinem Gegenstück wohnen.
Eine wahrhaftige Beziehung ist nichts für Angsthasen,
sie verschreckt all Jene,
die weder sich noch andere wirklich fühlen wollen.
Vollumfassende und ehrliche Berührung ist das,
was ein jedes Herz heimlich sucht,
es ist das, was mich und dich wirklich erfüllt
und letztendlich heilt.

Wie ambivalent es doch an manchen Tagen ist.

Tief entspannt, in völliger Ruh sitze ich
im heiligen Schoss meiner Selbst,
während so manches Alte sich noch einmal
lauthals grölend und unverblümt zeigt.
Es tanzt die bekannten Reigen
verflossener wohlbekannter Zeiten.
Da ist sie wieder, die Unruhe,
der Zorn und die Unzufriedenheit.
Hand in Hand wirbeln sie in friedvoller
Einigkeit um mich herum.
Ein einladender Blick,
eine neckische Geste...
komm, spiele wieder mit!
Ich will nicht.
Das einzige Bestreben ist es,
den drei ungestümen Gesellen
beim Toben zuzuschauen,
mehr bedarf es nicht.
Und so verweile ich weiterhin
in gelassener Ruhe
in meinem weiten Herzen,
lasse den kleinen Geistern
ihre Bühne der Illusion.
Hier toben und tollen sie solange,
bis sie müde sind und sich erschöpft
in meine offenen Arme fallen lassen.
Ja, so ist es, an manchen Tagen -
wenn die Ambivalenz zur Einheit wird.

Du bist so viel mehr als du glaubst.

Du bist jenseits dessen,
was dich andere haben glauben lassen.
Der schwere Umhang
fremder Überzeugungen und Geschichten
ist niemals der Deine, es sei denn,
du identifizierst dich damit.
Ihn abzulegen,
dich aus der festen Umklammerung zu befreien,
ist deine hoheitliche Aufgabe.
Jene Befreiung, löst jegliche Ahnenkoten -
sowohl für dich,
als auch für deine Kinder und Kindeskinder.
So schreibst du wahrhaftig deine eigene Geschichte,
herausgelöst aus den Fußstapfen anderer.

Es ist dunkel am Horizont,

die seichte Wolkenwand gibt nur vereinzelt
den ein oder anderen zart blinkenden Stern frei.
Die Stille der Nacht wird vom leisen Zirpen
der Grillen in Nachbars Garten durchbrochen.
Und ich liege regungslos in meinem wohligen Bett,
lausche dem Gespiel` der verliebten Heimchen.
Die Schlaflosigkeit, die mich heute
seit langer Zeit mal wieder gepackt hat,
schenkt mir einen tiefen Blick in so manch vergrabenen,
alten Geschichten vergangener Tage.
Die faden Lieder der verflossenen Zeiten
erklingen in völlig neuem Gewand.
Es sind zwar dieselben Töne
mit den gleichen Spielern,
jedoch ist meine Sicht
und mein Erleben erstmalig gänzlich neu.
In der Weite meines Herzens,
in der lautlosen Ausdehnung der Nacht,
spüre ich lediglich meinen Atem,
der mich immer näher
zu mir selber führt.
Es ist wohltuend, es ist nährend,
es ist ein Moment der vollständigen Einheit mit mir
und tatsächlich immer noch mit dir.
Und so bleibe ich, atme und lausche,
genieße die Vollständigkeit in mir,
während mich der von den Wolken freigegebene Mond
sanft in den Schlaf küsst.

Veränderung

Wenn wir uns tief im Inneren verändern,
passiert so unglaublich viel,
dass sich unweigerlich die Veränderung
auch auf jeder Ebene im außen zeigt.
Mit dem Loslassen deiner destruktiven
und nicht nährenden Strukturen,
fallen auch im außen all Jene weg.
Seien es Menschen aus deinem Umfeld,
die diese noch in sich tragen, sei es der Ort,
dein Beruf oder anderes.
Es bricht genauso gnadenlos
und fortwährend weg, wie alles in dir,
was nicht mehr zu dir gehört.
Und so gleitest du ganz allmählich in eine
Phase der Leere hinein und das ist wunderbar.
Auch wenn dich die Leere erst einmal ängstigt
und dein Ego nun richtig aufdreht,
so steige nicht auf das hausgemachte
alte Spektakel ein, lass dich weiterhin
vertrauensvoll auf den Prozess ein.
Beginne die Leere zu genießen und sei dir gewiss,
dass nun der nötige Platz für das Neue gegeben ist.

Ehre

Ich ehre all jene, die vor mir den Weg der Heilung,
Transformation und der eigenen Meisterung gingen,
denn sie waren es, die meinen Weg der Heilung
möglich und umso vieles leichter machten.
Ich ehre all jene, die genau jetzt mit mir
diesen Prozess der Transformation beschreiten,
denn genau diese helfen mir im täglichen Austausch
und mit ihrer herzlichen, echten Präsenz
diesen Weg sanft und mit Leichtigkeit zu gehen.
Ich ehre all jene, die nach mir in ihre Transformation gehen.
Sie sind das Resultat meiner, deiner, unser aller Heilung
und ein Segen für diese Welt.

Ablehnung

Ablehnung...
es ist nicht schön, geschweige denn angenehm,
die Erfahrung Ablehnung zu machen.
Ein Gefühl, das eine subtile und doch schneidenden Kraft
der Zerstörung in sich birgt.
Sie zeigt sich in vielen Gewändern,
unterschiedlichen Masken und Situationen.
Und jedes Mal, wenn du die Erfahrung der Ablehnung machst,
sackt dein inneres Kind kraftlos in sich zusammen und trennt
sich noch ein Stück weiter von der Liebe ab.
Vielleicht erlebst du es in Form einer Erstarrung, ein Moment,
in dem sich alles taub anfühlt und du keinerlei Zugang mehr zu
deinen Emotionen hast – Ohnmacht. Es ist auch möglich,
dass du wütend, traurig oder aggressiv reagieren kannst.
Mit welchen Verhaltensweisen du auch immer auf die Erfahrung
Ablehnung reagierst, sie ist deine erworbene Schutzfunktion,
die du für dich unbewusst erlernt hast,
als du erstmalig Ablehnung erleben musstest.
In der Regel führt es in deine Kindheit zurück.
Und genau dieses Gefühl der Ablehnung ist so tief in uns
abgespeichert, dass wir irgendwann selber davon überzeugt sind,
nichts wert zu sein und die innere Trennung sich mit jeder
erneuten Verletzung vergrößert.
Wir sind so sehr damit identifiziert,
dass wir uns unbewusst selber ablehnen.
Es ist ein unendlicher Kreislauf der Wiederholung,
wenn wir nicht ins Erkennen kommen.
Erkennen und bewusst werden ist der erste und wichtigste
Schritt, sich aus der Identifizierung und den übernommenen
Konditionierungen zu lösen.
Daher nutze jede Situation, jedes Erlebnis, das dir Ablehnung
spiegelt, bzw. diese Wunde in dir berührt, um genau zu spüren

und zu fühlen, was für eine Kettenreaktion
in dir automatisiert ausgelöst wird.
Wie verhältst du dich, nachdem du „abgelehnt" wurdest?
Welche Gedanken sind da?
Welche Gefühle zeigen sich?
Gibt es eine Situation aus deiner Kindheit, in der du dich auch so
gefühlt hast? Sei hier intuitiv und lasse dich von deinem
Bauchgefühl leiten.
Wenn es dir möglich ist, schenke dir immer wieder den Raum,
um genau diese Gefühle, Gedanken und alles,
was dazu gehört zu fühlen und wahrzunehmen.
Eine optimale Ergänzung wäre ein Notizbuch zu führen,
indem du das Wahrgenommene festhältst.
Auch wenn es anfänglich vielleicht noch wirr ist und wenig
Sinn ergibt, kann hier mit der Zeit und mit jedem neuen
Puzzleteil ein wahrer Schatz an Erkenntnissen gewonnen
werden. Ablehnung ist eine der schlimmsten und destruktivsten
seelischen Verletzungen, die ein Mensch erleben kann.
Es ist die große Wunde,
die uns von uns selbst, der Liebe getrennt hat.

Mir selbst genug

Ich bin mir selbst genug.
Erfüllt und unendlich gehalten,
genieße ich die Stille in den unendlichen Weiten
meines eigenen Seins.
Da ist kein Brauchen, Sehnen oder Flehen mehr.
Jegliches Müssen, ohnmächtiges Wollen oder getrieben sein,
verlor sich ganz sachte in dem ruhigen Fluss der Veränderung.
Der einst traurige Bettler entdeckte
seinen ihm innewohnenden Schatz
und fand den Mut,
sich diesen zu Nutze zu machen.
Ich bin mir selbst genug.
Koste von dem überfließenden Quell meiner eigenen Energie.
Bade und labe mich in diesem herrlichen Sein...
Und weil ich mit mir und in mir vollkommen geeint bin,
ist mein einziges Bestreben mich in meinem gesamten Sein
an das Leben zu verschenken.
Vollkommen, mit Haut und Haar...
weil alles in mir die Vereinigung leben will.
Echt, authentisch und frei.

Sanftheit

Es ist die Sanftheit und die Reinheit,
die sich allmählich und unverhofft
im Kleid der Veränderung zeigt.
Sie lächelt Dir zu, liebkost dein Gesicht,
während um dich herum
alles in sich zusammenbricht.
Obgleich der Boden unter dir zerfällt,
oder die Angst sich zu dir gesellt,
unerheblich was sich dir verabschiedend zeigt,
so ist es nach wie vor das Zarte und die Unberührtheit,
das in all dem Chaos und der Unsicherheit bleibt.
Atme und lächle, wohlwissend und im tiefen Vertrauen,
dass genau in der Finsternis,
das eigene Licht die Welt erblickt.
Tanze und Liebe, drehe dich einfach weiter
auf dieser unaufhaltsamen Veränderungsleiter.
Und während du dich friedlich drehst,
der Freiheit entgegen gehst,
verabschieden sich durch sanfte Integration
der Schmerz, das Leid und die Pein im Flüsterton.

Wenn dein Leben auseinanderfällt,

kein Stein, kein Staubkorn mehr deine Mauern hält,
wenn sich altbekanntes und sicheres Gefüge
von jetzt auf gleich in Luft auflöst,
dann zeigt sich auf brachiale und unangenehme Weise,
dein aktueller innerer Status Quo deiner Lebensreise.
Wie echt ist dein Vertrauen?
Wie wahrhaftig ist deine Stabilität in dir?
War dein bisher gelebtes Sein
nur ein seichter Schein?
Jetzt zeigt sich die Wahrhaftigkeit,
anfänglich durch dein eigenes Leid.
Denn genau dieses gilt es zu erkennen,
fern der versteckten und subtilen Imagination.
Hier liegt deine Chance, der Weg einer echten Befreiung,
die erst möglich wird, wenn wir die bisher unsichtbaren
Gitterstäbe der eigenen destruktiven Begrenzung wahrnehmen.
Es heißt in jeder Krise liegt auch eine Chance.
Das jetzt Erlebte ist die größte und ehrlichste
Möglichkeit, nicht nur in dir selbst deine schädlichen Fesseln zu
identifizieren, unweigerlich wirst du genau jene auch in den
äußeren Gefügen erblicken.
Und wenn du in deinen Tiefen angekommen bist,
dann versinke nicht im eigenen Morast.
Fühle und spüre, beobachte und erkenne,
bis sich all das Festgestellte in einem ruhigen Fluss
der Gelassenheit zeigt.
Ist der Fluss beruhigt, die Angst erlöst und dein Geist befreit von
den Nebelschwaden, entfaltet sich auf sanfte Weise
eine neue Erlebbarkeit mit einem reinen Fundament:
Es ist das, was dich von innen heraushält.

Wahrheit

Es wird deutlich!
Die Wahrheit zieht sich achtsam und wohlwollend zurück ...
sie macht der Lüge Platz, damit sie sich uneingeschränkt und in
ihrer ganzen Pracht zeigen darf.
Nichts an Echtheit oder Wahrhaftigkeit
soll ihr Kleid verschmutzen.
Sie darf in ihrer Einfachheit und Klarheit
ihr gewünschtes Spiel aufführen.
Damit ein jeder sie sieht, ein jeder erkennt,…
dass es die Lüge ist, die sich am heutigen Firmament
laut und ohrenbetäubend austoben darf.
Die Wahrheit ist nicht weg ,…lediglich versteckt,
ganz leise im Hintergrund
und schenkt der Lüge ihren benötigten freien Raum.

Nichts sehen!

Nichts sehen, nicht hören und auf keinen Fall wissen wollen.
So wandelt, taumelt die Masse immer weiter
der offensichtlich ersehnten Obrigkeit entgegen.
Denken ist zu anstrengend und vor allem zeitaufwendig.
Zeit, …die haben wir jetzt.
Ausreden, die ein nicht auseinandersetzen der gezeigten Welt
allzu gerne benutzt wurden,
fallen in sich selbst zusammen.
Es ist die Bequemlichkeit,
der schale Geschmack von bewusst erwünschter
Verantwortungslosigkeit und das kindliche noch integrierte
Verhalten „Was ich nicht sehe, ist auch nicht da".
Wie sehr muss es dich noch drücken und quetschen?
Wie viel Unannehmlichkeit brauchst du,
um die Hände vor deinen fest
zusammengekniffenen Augen zu nehmen?
Was benötigst du, um dich der fiesen und kaum aushaltbaren
Wahrheit zu stellen,
die dir mit Sicherheit den schon lange nicht mehr vorhandenen
Boden unter den Füßen reißen wird?

Unzählige Male wurde die Wahrheit in ihrer schlichten
Einfachheit von der schillernden und glamourösen Lüge
zum Schweigen gebracht.
Die schier endlose Wiederholung
dieses unsäglichen Kreislaufes
scheint auch auf dieser Ebene kein Ende zu nehmen.
Ebenso die fast schon wahnhafte Verschleierung gesunder,
sehender Augen und exakt von jenen
auch sehnsüchtig verlangt.
Da geht sie Hand in Hand, in trunkener und höriger Einigkeit
die lieblich säuselnde Heuchelei
mit der zur Umsetzung nötigen Ignoranz der Bequemlichkeit.
Interessant und tatsächlich ein Funken Hoffnung
wird erwachen, wenn genau diese Trägheit der Massen,
sichtbar gemacht in der lieblichen häuslichen Komfortzone,
in sich zusammenfällt.
Wenn tatsächlich das Gewohnte und eigene sichere Gefüge,
trotz der angepriesenen verharmlosenden Lüge,
von heut´ auf morgen in Staub zerfällt.
Ja erst wenn's drückt, der eigene Schuh,
erst wenn's schmerzt, das eigene Fleisch,
dann vermag auch kein lieb gewonnener Schleier
mehr die Illusion zu nähren.
Und wenn es dann echt wird,
wenn kein Tuch und kein Leinen
mehr die Ehrlichkeit verhüllt, dann hört er auf -
der ewige Kreislauf von Lug und Mär.

So klar und rein das Firmament,

tief blau und frei zeigt sich ganz unverblümt und ungeniert das
Spielfeld unserer Lebensreise.
Kein Fleck, kein Hauch und erst recht
kein Dunst der Undurchdringlichkeit
verwehrt den Blick ins Himmelszelt.
Und trotz alledem,
trotz der reinen und unverhüllten Sicht
sieht die Masse es immer noch nicht.
So sehr ist sie im Alten verstrickt.
So innig und heiß geliebt ist der Schleier vorm Gesicht,
dass genau diese Masse sich händeringend
an der Illusion der alten Mär
die Augenbinde imaginär
vor das denkentwöhnte Auge zieht.
Wie einst im Märchen des Kaisers ohne Kleider
sieht ein jeder, der noch denken kann
fassungslos und mit offenem Munde staunend
die blindverliebte Masse an.

Irgendwann kommt der Punkt,

an dem das Alte nicht mehr greifen kann.
Kein bekanntes Sehnen, Flehen oder Zerren
hat noch Kraft, um die ausgedienten Kreise
erneut zu umrunden.
Ich mag nicht mehr.
Ich will nicht mehr.
Ich will dir nicht mehr die Hand ins alte Muster gereichen.
Auch oder gerade dann,
wenn es für immer der Abschied ist.
Die Hand, die einst wartend war dir gereicht,
bleibt sanft auf meinem Herzen ruhen.
Oh versteh ich mich nicht falsch,
ich bin dir nicht abgewandt,
lediglich meiner eigenen Heiligkeit vollkommen zugewandt.
Und genau jene umhüllt mich mit Wahrhaftigkeit,
sodass keine Lüge oder versteckte Heimlichkeit
mehr Platz an meiner Seite findet.
Versteh mich nicht falsch,
ich bin und war die niemals abgewandt.
Es sind die alten Runden, aus denen ich mich
mühsam und schmerzvoll herausfühlte.
Ohne ein Blick zurück, frei von jeglicher Anhaftung.
Wenn nun dein Herz sich nach echter Begegnung sehnt,
führt kein Weg daran vorbei,
dich ebenso aus deinem eigenen Schmerz,
durch deine eigene Pein hindurch zu fühlen.
Und ganz am Ende, in der schlichten Einfachheit,
wirst du mich finden, im entschleierten
und ehrlichen Augen-Blick einer nie gekannten Wahrhaftigkeit.

Niemals

Es ist niemals die Zeit, geschweige denn weise,
sich den manipulierten Emotionen hinzugeben
und folgsam einer inszenierten Revolution beizuwohnen.
Es war noch nie der kluge Weg,
sich dem Lauten und Durchdringenden anzuschließen.
Der Weise und Besonnene zieht sich bewusst
und beobachtend in sich selbst zurück.
Nur im Auge des Sturms zeigt sich diese heilsame Ruhe,
der Nährboden für den nächsten Schritt,
offeriert und sichtbar gemacht
im beruhigenden Kleid der Stille.
Sieh hin, aber sei still!
Fühle und spüre welch neue Wege
sich in der Weite der Lautlosigkeit zeigen...
und sobald du weißt, wohin DU willst,
setze mit bedacht und unaufgeregt schweigend
einen Fuß vor dem anderen.

Niemals werde ich es vergessen,
diese eine heilige Sekunde, die den Zauber
eines neuen und doch fernen Morgen in sich barg.
Wie könnte ich die Zeit schmälern oder gar negieren,
die mir trotz Schmerzen den größten Schatz offenbarte.
Einmal Hölle und dann im zähen Kriechschritt zurück….
in ein neues Leben, oder besser gesagt ins ECHTE SEIN.
Nicht eine Millisekunde will ich diesen Weg missen,
obwohl genau dieser den Geruch und den Geschmack
der Vernichtung in sich trug.
Jener riss mir gnadenlos und mit größtem Eifer
meine aufgedrückten Mieder der Angepasstheit herunter.
Mit jedem Schritt ins ferne Licht, nahm mir die sich lösende
Dunkelheit die Illusion des gefühlten Sterbens.
Und mit jedem neuen Atemzug wuchs ich schmerzhaft
in meine wahre Größe hinein.
Heilung nennt man das, was nichts anderes ist,
als das Spüren und Herausfühlen
durch das hausgemachte, innewohnende Leid.
Und nun? …schenkte die einziehende Leichtigkeit
meinen Füssen Tanzschuhe,
die aus dem Stoff der Träume sind.

Es hilft nichts, mein Freund ...

du musst springen, oder du wirst gestoßen...
letzteres wäre die etwas unsanftere und härtere Variante.
Es nützt nichts, mein Freund...
die Erstarrung löst sich jenseits deiner Kontrolle
jede Minute mehr in Wohlgefallen auf.
Der alte, vermeintliche Halt ist nicht mehr gegeben.
Das macht Angst, verständlicher Weise.
Es ist eine Verlängerung deines hausgemachten Leids,
mein Freund, wenn du immer noch glaubst,
dass es wieder so wird, wie es einmal war.
Ich kann dir versichern, das wird es nicht!
Wie könnte es auch... das Leben ist stetige Veränderung
und für jene, die sich auf diesen Fluss
des evolutionären Wandels einlassen,
sicherlich auch unbequem und unangenehm,
jedoch im Vergleich zu den Unbeweglichen
sanft und milde.
Es rettet dich nicht, mein Freund ...
weiterhin an der bekannten Struktur festzuhalten,
in der Hoffnung,
dass es sich schon irgendwie von alleine legt.
Das wird es nicht!
Du musst springen, oder du wirst gestoßen...
es ist einerlei, denn das was passieren soll, wird passieren.
Werde daher weich!
Werde beweglich und lass los...
alles andere macht es nur unnötig schwerer und leidvoller.
Und sei dir gewiss, wenn du springst,
dass es das Leben ist, das dich fängt.

Leise

Leise schließt sie sich,
die Tür zum Gestern.
Nur ein lauer Windhauch
erinnert an den Moment.
Und während die bisherigen Fußspuren
im Sande des Vergessens verblassen,
die letzten Töne vergangener Tage zeitlos verhallen,
ist in noch weiter Ferne schon
ein neues Lied zu hören.
So gebe ich mich allzu gerne diesen neuen
und unbekannten Tönen hin,
tanze und drehe mich auf die nächsten Ebene.
Es geht weiter, gewiss!
Das eine schließt sich,
während du ins nächste gehst.

Ich wähle die Wahrheit!

Völlig gleich wie unbequem, unangenehm
oder erschreckend sie sich zeigt,
ich will nur Wahrheit!
Selbst wenn genau diese
mein Leben auf den Kopf stellt,
Dinge oder Personen wegbrechen,
so ist es doch nur die Lüge,
die in sich zusammenfällt.
Völlig gleich, was sich zeigt ...,
meine Wahl wird stets die Wahrheit sein!

Nachwort

Neuanfang - so aufregend, prickelnd und unsagbar
verheißungsvoll.
Wir spüren es genau, wenn es Zeit ist, alte wohlbekannte und
sichere Gefilde zu verlassen. Es ist ein immer stärker werdender
Sog, der in regelmäßigen Wellen, anfangs zart und im weiteren
Verlauf vehementer, an die Tür klopft.
Es ist ein Impuls, ein tief in uns liegendes Wissen, dass genau
jetzt der Zeitpunkt ist, endlich die Schritte in Richtung
Lebensbestimmung zu gehen.
Und gleichzeitig melden sich die üblich Verdächtigen in ihrem
vertrauten Kleid: Der Zweifel, die Angst und die übergroße UN-
SICHERHEIT. Genau jene drei Gesellen waren es auch in der
Vergangenheit, die uns immer wieder von dem abhielten, das für
uns bestimmt und seit Anbeginn der Zeiten vorgesehen war.

Jedoch erfordert genau dieser nebulöse Weg ins Neue Mut und
Kraft.
Insbesondere in der heutigen Zeit, in der kein Stein auf dem
anderen bleibt, weil einfach alles, das auf einer Lüge, einem
grellen Schein aufgebaut ist, uns entrissen wird. Es nützt nichts,
sich krampfhaft weiter an dem ungesunden, alten Ballast
festzuklammern - verspricht doch die bequeme, alte,
zerschlissene Couch der Gewohnheit ein Stück weit Sicherheit.
Mitnichten geht es darum, uns zu ärgern oder uns ins Unglück zu
stürzen. Auch wenn es sich im Moment als die größte
Katastrophe anfühlen mag, so ist es als ein wahrhaftiger Segen
gedacht.
Solange wir uns selber als unseren ärgsten Widersacher, unseren
schlimmsten Feind wahrnehmen und mit dem eigenen
Spiegelbild in den Ring des Hasses steigen, können wir nur
verlieren.

Erst im Fallen lassen all unserer Waffen und Mauern, ist uns ein ungetrübtes Fühlen unseres wahrhaftigen Seins möglich.

Und wenn wir nun unser Feuer spüren, wenn in den lodernden Flammen unserer Brust der Mut erwacht, so ist es möglich zu erleben, wie der eigene Schmerz uns wohlig umarmt und leise Lebewohl sagt.

Auch hier darf es nun den ersehnten Neuanfang geben, sofern es auch gewollt ist. Hielten uns in früheren Zeiten unsere eigenen Ängste von dem Herzensweg ab, so darf in uns das Selbst - Vertrauen, der Zugang zu unserer ureigenen Weisheit und Intuition mehr Raum einnehmen.

Irgendwann kommen wir unweigerlich an einen Punkt, der uns unaufhaltsam in unsere ureigene Richtung in Bewegung setzt - trotz der aufkeimenden Angst, dem Zweifel und der Unsicherheit, die uns eventuell abermals mit lautem Gebrüll auf den alten Weg wissen wollen.

Seien Sie sich gewiss, dass Sie jeder Zeit die Wahl haben. Schenken wir dem Lauten Gehör, dürfen wir eine erneute Erfahrungsrunde der alten Spiele drehen oder aber wir bleiben in unserer hoheitlichen Mitte und genießen einfach die wertfreie Beobachtung der Verstandesprojektion. Verweilen wir in der unschuldigen Position des Zuschauers, ist es die Umarmung der zeitlosen Zeit, die uns in diesem Moment umhüllt. Wir sind und bleiben bei uns, lauschen den leisen und zarten Klängen, die uns in Richtung Neuanfang lenken, während das Alte sich mit dem ein oder anderem Gebrüll zur Ruhe legt.

Völlig gleich, welchen Weg Sie wählen, jeder Pfad ihrer Wahl ist der Richtige! Daher genießen Sie den Prozess.

Yvonne Fitzner

Alphabetische Verzeichnis der Überschriften und Anfangszeilen der Gedichte

Yvonne Fitzner, geboren am 12.05.1978 in Wolfenbüttel ist Heilpraktikerin und seid 2009 in eigener Praxis mit dem Schwerpunkt EMDR Traumatherapie und ganzheitlicher Schmerztherapie tätig. Seit dem 1.01.2020 studiert die Autorin Psychologie.
Aufgrund ihrer Spezialisierung hält Yvonne Fitzner regelmäßig Vorträge in unterschiedlichsten Einrichtungen zum Thema Angsterkrankungen, Stressmanagement und Burnout.
Die Liebe zum Schreiben, aber auch der nicht unerhebliche Effekt zur Bearbeitung seelischer Themen war der ausschlaggebende Nährboden für ihre lyrischen Werke.
2017 veröffentlichte sie ihren ersten Gedichtband "Du und Ich", BoD Verlag.
2018 und 2019 wurden zwei ihrer lyrischen Texte in »AUSGEWÄHLTE WERKE« der BIBLIOTHEK DEUTSCHSPRACHIGER GEDICHTE aufgenommen und veröffentlicht.